The Builder

REVISTA PARA EL ESTUDIO DE LA MASONERÍA

THE BUILDER

Revista para el estudio de la masonería

Publicado mensualmente por la
National Masonic Research Society

Joseph Fort Newton

N.º 16

EDICIÓN ORIGINAL Abril, 1916	REEDICIÓN ESPAÑOLA Enero, 2026

Edición histórica

Publicado por
MASONICA
Ediciones del Arte Real

ENTREACACIAS, SL
[Sociedad Editora]
Covadonga, 8
33002 Oviedo - Asturias (España)
info@masonica.es

Primera edición: Enero de 2026

ISSN: 2695-8899
ISBN (edición impresa): 979-13-87560-86-7
ISBN (edición digital): 979-13-87560-87-4
Depósito Legal: AS 00143-2020

(The Builder es un foro abierto para el debate libre y fraternal. Cada uno de sus colaboradores escribe con su propio nombre y es responsable de sus propias opiniones. Creyendo que una unidad de espíritu es mejor que una uniformidad de opinión, la Sociedad de Investigación, como tal, no defiende ninguna escuela de pensamiento masónico frente a otra; sino que ofrece a todos por igual un medio para el compañerismo y la instrucción, dejando que cada uno se mantenga o caiga por sus propios méritos).

SUMARIO

··· N.º 16 – Enero, 2026 ···

Ex Oriente Lux
From the East comes Light

EDITORIAL

SI EL HOMBRE MURIERA

UNA vez más, la muerte blanca del Invierno da paso a la maravilla de la Primavera, y el corazón del hombre siente el estremecimiento y la agitación de ese torrente de vida que regresa para renovar el mundo. Pronto, la tierra desnuda y las colinas demacradas y grises se vestirán con el verde vivo de los bosques susurrantes y el destello de las aguas risueñas, tal como ha sido siempre desde tiempos inmemoriales. El hombre ha visto en este antiguo ritual de la Naturaleza un símbolo de la vida del Alma, de un tenue esplendor siempre por delante, de una victoria siempre a punto de realizarse: un rayo de luz atravesando «esa sombra que guarda la llave de todos los credos».

Si el hombre muriera... ay, ahí está el dilema, puesto que ningún hombre sabe que alguien muera, salvo en apariencia. De la muerte, tal como usamos la palabra y el significado que le damos, la Naturaleza no sabe nada: simplemente no existe tal cosa. Esto no es minimizar la tumba, hacia la cual declinan todas las cosas mortales, como si fuera un asunto de poca importancia. De ninguna manera. Hay algo aterrador en la negación magistral y el colapso del cuerpo, y cuando Tolstói lo describe, sentimos casi como si hubiera caído sobre nosotros. Es patético. Es profundo. Sin embargo, podemos dejarnos intimidar demasiado fácilmente por su aspecto material y confundir un hecho físico con una tragedia espiritual. ¿Qué importa lo que cualquier hombre pueda tener que decir sobre la muerte? La verdadera pregunta es: ¿qué le diremos nosotros a ella, o dejaremos que tenga la última palabra?

Después de todo, el hecho principal del hombre no es su cuerpo, sino su mente, con sus pensamientos que vagan a través de la eternidad; su alma, con su esplendor de aspiración y esperanza de muchas alas. La Razón, el Amor y el Sentido Moral: estas cosas son más que el tiempo y los sentidos, pues, a menos que nosotros, que pensamos en el tiempo, estemos de alguna manera por encima y separados de él, no podría existir tal idea. Es decir, si el hombre vive por la ley de su naturaleza superior, debe vivir para cosas que tienen su fuente y satisfacción más allá del límite del Tiempo y el Lugar. En resumen, el hombre es un ser que, si no es inmortal, está llamado por la ley de su ser a vivir y actuar como si lo fuera; y es sabio, cualquiera que sea su locura en otros aspectos, al atreverse a confiar en los impulsos proféticos de su naturaleza contra el veredicto de los sentidos y la sombra de la tumba.

Pero la verdadera prueba de la fe no reside en la lógica, ni en el equilibrio de probabilidades, sino en cierto tipo profundo y audaz de vivir en el que la vida revela su propia cualidad eterna. La verdadera respuesta a todos nuestros anhelantes interrogantes se encuentra en el camino de la unión Divina, siendo un hecho de experiencia en la vida interior, y sería mejor estar absorto en la búsqueda de esa unión que estar siempre examinando el sombrío campo de la conjetura, atormentado, incierto y cansado de corazón. A medida que el alma asciende la Montaña del Señor, su «fangosa vestidura de decadencia» se vuelve menos opaca, hasta que por fin, por el testimonio de aquellos que han hecho la aventura y ganado la victoria, la certeza se hace doblemente segura en una comunión inefable con Aquel a quien conocer rectamente es Vida Eterna. Debe ser así. La vida es sin principio, y por tanto sin fin, porque la vida proviene de Dios. Contentémonos con lo que ya es nuestro, igualmente por virtud de la herencia Divina y por el derecho del valor y la conquista espiritual: «vida para siempre»: ¡vida rica, abundante, radiante, eterna!

SERVICIO SOCIAL MASÓNICO

UNA INVERSIÓN EN LA INFANCIA

Por el Hno. T. W. Hugo, 33°, Minnesota

(Escuche ahora la historia de la Obra de Bienestar Infantil de los Cuerpos del Rito Escocés de Duluth, escrita a nuestra petición, y que relata los comienzos, el crecimiento, los métodos y la organización del trabajo, junto con algunos de sus resultados. Lo presentamos como el primero de una serie de ejemplos de servicio social masónico, no solo porque el trabajo de los masones de Duluth merece ser ampliamente conocido, sino también, y principalmente, para que otros puedan ir y hacer lo mismo; si no en este campo particular, entonces en algún otro que se encuentre al alcance de la mano. La siguiente carta del Comisionado de Seguridad Pública se explica por sí misma: «Estimado Sr. Hugo: He recibido su informe sobre la labor de Bienestar Infantil que están realizando los cuerpos del Rito Escocés de esta ciudad. Sin duda alguna merecen ser felicitados por la excelente demostración realizada, y el Gobierno de la Ciudad, y creo que nuestros ciudadanos en general, aprecian plenamente el buen trabajo que están haciendo y la responsabilidad que han asumido.
Muy atentamente, B. Silberstein»).

UN cachorro amarillo! Pero esperen un momento; creo en las hadas y me gusta empezar una historia con «Érase una vez». Aunque, a decir verdad, me muero de miedo al bajar a mi lengua vernácula y a temas tan comunes como los que tendré que tocar en mi historia cuando pienso en lo que pensarán los escritores de «ismos y antis», de la cuarta dimensión, de lo oculto y demás, y en la tensión que tendrán que soportar los músculos de sus narices para bajarlos de nuevo al nivel normal. Pero «las órdenes son las órdenes», y el Sr. Editor obtiene lo que pidió, y apuesto a que todo el grupo me apoyará. Si uso el pronombre personal no es por egoísmo, sino para evitar la sensación de inmodestia si no lo hiciera, porque el elemento personal entra en el comienzo de la historia.

Así que ahora, «érase una vez», yo era el oficial presidente de los cuatro cuerpos del Rito Escocés del Valle de Duluth, y había estado en esa posición durante veintidós años. Había visto el Rito crecer desde los nueve miembros fundadores hasta cerca de novecientos; me di cuenta de que nuestra fuerza no aumentaba en proporción a nuestro aumento de miembros; de que nuestra simpatía mutua no se extendía más allá de cuando teníamos menos de la mitad de ese número; de que si intentábamos ser fraternales con más de unos cuantos siempre nos veíamos obstaculizados preguntándonos si «ese era realmente su nombre, y quién es él de todos modos»; de que nuestra asistencia no aumentaba en proporción, ni nuestro trabajo ceremonial se hacía mejor; de que parecíamos estar estancados en casi todo menos en el aumento de miembros. Teníamos algo de dinero, nunca fuimos parsimoniosos, nos reuníamos en un Templo que estaba totalmente pagado antes de celebrar una reunión en él; pero faltaba algo, y me preguntaba si podría ser yo mismo; así que empecé a inquietarme. Habiendo ocupado el cargo durante tanto tiempo, me había convertido en el padre confesor masónico, masón consultor general, Juez de sucesiones masónico y Policía de Libertad Condicional masónica de nuestra ciudad.

Ahora tenemos el escenario de fondo preparado, y entra una pobre madre una tarde, hace unos seis años, con un niño enfermo; había ido a ver a algunos médicos, todos los cuales le dijeron que debía internar al bebé en un hospital de inmediato; pero al no tener dinero ni amigos, bien podrían haberle dicho que debía alimentar al bebé con champán, pero alguna persona la envió a mí. El bebé fue atendido para pasar la noche y todos se pusieron lo más cómodos posible, excepto yo. Estaba furioso, mi pelo rojo se erizaba, mis nervios se salían por la piel, e incluso mi hueso de la risa no le veía la gracia.

Interpreté a Booth en *Macbeth*, eché humo y pataleé, pero la tragedia se mantuvo en el escenario hasta que decidí que si quería dormir algo tendría que encontrar un antídoto, cuando se me ocurrió que si algo haría olvidar a un tipo sus otros problemas sería fumarse uno de los cigarros de nuestro Hermano Buck, y le hice una visita agradable, encendí uno de los cigarros, me enfermé y estaba a punto de irme a casa completamente enderezado cuando... ¡Bang, Yelp, Whoop! y un jovencito entró corriendo con un sucio cachorro mestizo y amarillo en brazos. El cachorro había sido atropellado por una motocicleta y los sentimientos tanto del chico como del cachorro habían sido heridos, además de la pata trasera del cachorro; mi amigo del cigarro medicinal dijo: «Bueno, lleva a ese bruto aullador al hospital de perros», y el incidente se cerró y el cachorro desaparece de la escena. Pronto me marché, llegué a casa, me fui a la cama y todo parecía arreglado... hasta que en mi sueño el cachorro empezó a comerse al bebé, y antes de que pudiera alcanzar un palo me caí de la cama y me golpeé las espinillas. Después de eso no pude volver a dormirme durante algún tiempo, pero me quedé dormido cuando hice una combinación de novecientos hombres, un hospital de bebés, un trabajo de interés para que estos hombres se ocuparan en él, y la idea más grande de tratar de dar a la parte más indefensa de la naturaleza animada una mejor oportunidad para su juego, junto con el desarrollo del espíritu de ayuda latente en la masonería.

Para la siguiente reunión había trazado un buen discurso para pronunciarlo ante los Hermanos reunidos, reuní las habituales perogrulladas masónicas, insistiendo en «esparcir el cemento del amor fraternal» sobre todo, me vi obligado a tratar con generalidades porque no sabía exactamente qué se quería o qué encajaría mejor, ya que tontamente consulté con varios médicos y cada uno me dijo un específico diferente para usar. Pero fui valiente, y después de los asuntos regulares me levanté y declaré que les había pedido que estuvieran presentes en esta ocasión con el propósito de... y entonces me fui, pero pronto olvidé lo que había planeado para paralizarlos, caí de la gracia en la historia del cachorro amarillo, e hice la declaración de una manera muy apologética de que deberíamos emprender tal trabajo, y... entonces un hermano rompió la reunión gruñendo: «Bueno, ¿por qué no lo haces?».

Eso terminó todo. No hubo resoluciones, ni considerandos, ni una moción de que «se nombre un comité para investigar el asunto»; se dio por sentado, y desde ese momento los fondos han llegado sin comentarios. Hemos abandonado la idea del hospital por el momento, eso no es lo primero esencial, pero llegará con el tiempo.

Aunque lo hemos resuelto, creo, que en el futuro un bebé enfermo tendrá tantas posibilidades de tratamiento como un cachorro amarillo, porque tenemos dependencias en el Hospital St. Luke; lo último será un Hospital de Bebés regular; porque los bebés no son más bienvenidos en el Hospital ordinario de lo que lo son en algunas familias bien reguladas. Pero pronto aprendimos por experiencia que había varias características del trabajo de Bienestar Infantil que traerían resultados más rápidos y valiosos que el Hospital. La Enfermería Visitante, por ejemplo, es la primera y más importante parte; es inmediata en sus efectos, es educativa, una característica muy importante, porque tienes que llevar gradualmente a aquellos que pueden beneficiarse del servicio hasta el punto donde estarán dispuestos primero, y luego ansiosos por él. Nuestra experiencia nos lleva a creer que la enfermera visitante, una adecuada, no demasiado educada en la teoría, sino rebosante del entusiasmo natural, femenino y comprensivo y de la buena naturaleza de la cruzada fuerte y sana que sería una Sufragista militante montando a caballo a horcajadas si sus tendencias no hubieran corrido hacia canales más elevados y útiles, es indispensable. Es realmente maravilloso lo que esas mujeres pueden hacer; puedo colocarme en la clase de Ananías en cualquier momento diciendo la verdad y ateniéndome a los hechos concernientes a lo que sé sobre este asunto, así que tengo que ir con cuidado en deferencia a mi posición como Diácono.

Después de haber probado muchas cosas, y fallado en algunas, encontramos que el siguiente paso era proporcionar medios para obtener consejo médico, aunque es notable lo poco, comparativamente, que se necesita al médico, pero se necesita a veces; y el siguiente fue proporcionar Estaciones de Leche donde se pudiera obtener leche limpia garantizada a precios razonables. Estos fueron los siguientes pasos, pero, por supuesto, todos basados en el trabajo de la enfermera visitante. En nuestro caso, la propuesta de la leche fue comparativamente fácil, ya que solo hay tres meses durante los cuales el clima cálido exige alguna consideración especial, pero este es un detalle latitudinal que cada localidad debe determinar por sí misma. En nuestro caso pagábamos diez centavos por el cuarto de leche inspeccionada y la vendíamos por siete centavos, el mismo precio al que se vendía el producto del lechero ordinario. Alrededor de una cuarta parte tuvimos que darla gratis, pero siempre que fue posible recibimos alguna contraprestación, para evitar el desarrollo de la idea de caridad y su efecto frío y paralizante en la conciencia moral. Nuestras Clínicas son atendidas por un médico en ejercicio y una enfermera; se celebra una cada día, excepto los domingos; y durante la mitad de la temporada tenemos dos médicos empleados y tres enfermeras.

En el desarrollo de nuestros planes, descubrimos que gran parte de nuestro trabajo se deshacía por la falta de apreciación de la importancia de la tarea confiada a ellas por parte de las niñas pequeñas a cuyo cuidado se encomendaban algunos infantes. Entonces las llamamos «Pequeñas Madres», y las instruimos en clases sobre asuntos que pudieran aplicar en su labor de cuidar a sus hermanitos y hermanitas. Les ofrecimos recepciones propias de adultos, pastel y helado de tres colores, e instrucción práctica, y las llevamos a pasear en automóvil, al igual que a las Madres reales, pero en momentos diferentes; porque las Pequeñas Madres hacen del viaje un pícnic que seguramente despertaría al bebé, si estuviera a menos de una cuadra. No tenemos problemas en conseguir los automóviles, y cada uno es conducido por su propietario; no se permiten chóferes en la procesión.

Es el evento social en el «Callejón del Gato Muerto» y en el «Sendero de la Espinilla» cuando la brillante máquina se dirige a la residencia de la Sra. O'Levitsky y saca a la duquesa y a su familia a tomar el aire. Pero podría usar esta máquina de escribir parlanchina –que solía pertenecer a una mujer– durante horas, y aun así estar del lado seguro; pero tendré que completar esta historia adjuntando algunos recortes sobre el mismo tema y resumiendo los resultados.

En resumen, nuestra experiencia ha sido muy satisfactoria; hemos reducido la indigestión y el insomnio entre nuestros Hermanos, porque hemos eliminado las cenas tardías mortales y hemos gastado el dinero en los bebés; hemos dado a nuestros miembros la idea y el conocimiento certero de que están haciendo algo, de que están ayudando a alguien; hemos situado a la masonería mucho más cerca de la gran mayoría de lo que jamás estuvo o hubiera estado en cualquier lapso de tiempo bajo el antiguo régimen especulativo. Significa algo para ellos ahora, además de una institución egoísta de celda de claustro, que, aunque poseía gran fuerza potencial, estaba demasiado obstaculizada por viejas tradiciones, viejas costumbres, decisiones de Grandes Maestros, *Landmarks* obsoletos y el esfuerzo de vivir bajo condiciones antiguas en lugar de modernas, y que permitía que el progreso y la civilización real la arrastraran, en lugar de ser uno de los motores de mayor potencia en la vanguardia.

Organizada adecuadamente, tal obra no es una empresa que deba desalentar a ningún grupo de masones en condiciones ordinarias. Los gastos generales son nulos; los únicos gastos son para enfermeras y médicos, y otros cargos como facturas de hospital y atención a los enfermos. Un hermano es el Director, y el Autócrata de todas las Rusias no se le compara en su reinado; no hay ninguna mujer en la lista, excepto las enfermeras, y cada dólar vale cien centavos. Pocos saben quién es el Director y ninguna persona se pasea pidiendo gloria prestada sin hacer nada. Los Cuerpos del Rito Escocés aportan la totalidad de los fondos y se alegran de hacerlo.

Nuestra Institución Masónica, no solo el Rito Escocés, se erige en nuestra ciudad de más de 95.000 habitantes como uno de sus activos e instituciones municipales; la carta del Director de Seguridad Pública en el Calendario de Navidad indicará su opinión. El Departamento de Salud de la ciudad todavía se ocupa del trabajo prenatal, un tema diferente, pero nosotros atendemos todo lo relacionado con los infantes. Si no he cubierto sus requerimientos, hágame preguntas e intentaré aclarar todo, o venga con sus esquís y véalo usted mismo.

Del informe del trabajo, presentado a «The American Association for the Study and Prevention of Infant Mortality» (La Asociación Americana para el Estudio y Prevención de la Mortalidad Infantil), con sede en Baltimore, Md., extraemos los siguientes detalles de la labor en Duluth:

El trabajo se organizó en 1911 y se lleva a cabo durante todo el año. El número de bebés atendidos durante el año 1913 fue de 200; para el año 1914, 300; para el año 1915, 600; el gran aumento de 1915 se debe al hecho de que el interés de la ciudad de Duluth en este departamento fue asumido por los masones del Rito Escocés. Las nacionalidades representadas en los bebés atendidos son sueca, noruega, finlandesa, francesa, alemana, italiana, austriaca, inglesa, irlandesa y tres de color, lo cual demuestra que el trabajo es neutral. La tasa de mortalidad infantil en Duluth para el año 1910 fue de 223; para 1914, 187. Se celebraron clínicas gratuitas en tres distritos de la ciudad durante los meses de junio, julio, agosto y septiembre de 1915. Número total de visitas realizadas desde el 28 de junio hasta el 15 de octubre de 1915: 1.334; número total de infantes registrados: 926.

ARTHUR EDWARD WAITE

UNA SEMBLANZA

Por Joseph Fort Newton

UNO de los más grandes maestros en el campo del saber esotérico y del método de cultura, con mucho el más grande hoy vivo, es Arthur Edward Waite, a quien es un honor rendir tributo. En respuesta a una serie de peticiones, y como preludio a una conferencia sobre los aspectos más profundos de la masonería que aparecerá pronto en estas páginas, ofrecemos un breve bosquejo del Hermano Waite, con una declaración de su concepción de la masonería y su servicio al hombre en su búsqueda de Dios. Si estas líneas inducen a alguno de nuestros lectores a estudiar sus obras, nos agradecerán por haberlos puesto en el camino de un guía tan sabio y hábil, que es a la vez poeta y místico, y la suma de cuya perspicacia, expuesta en su última página, es que:

> Todos los pensamientos, todas las pasiones, todos los deleites, todo lo que agita este marco mortal, no son sino ministros del amor, y alimentan su llama sagrada.

Por una rara buena fortuna, a nuestro juicio, nuestro amigo y maestro nació en América –en Brooklyn, Nueva York– y por el lado paterno remonta su ascendencia a los primeros colonos de Connecticut. Su madre era inglesa, perteneciente a la antigua familia de Lovell. El apellido familiar, originalmente deletreado «Wayte», estaba adjunto al documento que autorizaba la ejecución de Carlos I, y fue probablemente el hecho de que la familia encontró a Inglaterra un lugar bastante incómodo para vivir después de la Restauración lo que envió a sus antepasados al otro lado del mar. Mientras el poeta estaba aún en su infancia, su padre murió, y fue llevado a Inglaterra a la edad de dos años. Nunca ha regresado a América, un hecho que debe tenerse en su contra, pero que esperamos que expíe en un tiempo no muy lejano.

Educado en privado, comenzó a escribir siendo aún adolescente, siendo la poesía su primer amor. Su primer libro, un volumen de versos, se publicó en 1886. Durante diez años o más siguió una vida empresarial activa, como secretario y director de compañías públicas, participando al mismo tiempo en elaboradas investigaciones en los campos de la magia, el ocultismo y el lado esotérico de la religión y la filosofía. Cómo encontró tiempo para hacer ambas cosas no es fácil de saber. Tomó todo el reino del misticismo como su provincia, para cuyo estudio estaba casi idealmente dotado por temperamento, formación y genio; y, podemos añadir, por ciertas experiencias profundas en su propia vida, de las que rara vez habla, cuyo brillo uno detecta en toda su obra, y en ninguna parte más vívidamente que en su último libro *The Way of Divine Union* (*El camino de la unión divina*). En años posteriores, como resultado de un largo estudio, ha llegado a tratar solo con el misticismo superior, totalmente separado de lo mágico, lo psíquico y lo oculto.

Explorando un mundo oculto, ha aportado a su tarea una naturaleza religiosa, la exactitud y habilidad de un erudito, una seguridad y delicadeza de percepción a la vez comprensiva y crítica, el ojo de un simbolista y el alma de un poeta; cualidades raramente encontradas en unión. El Hermano Waite no escribe a nuestra moda americana –«a toda prisa», como decía Casey– sino de una manera pausada, buscando no solo exponer los resultados de su investigación, sino transmitir algo de la atmósfera de los temas que trata. Prolífico pero rara vez prolijo, escribe con tanta lucidez como su tema lo admite, aunque en un estilo a menudo tocado con luces extrañas y ecos remotos e inquietantes. Mucho aprendizaje y muchos tipos de sabiduría hay en sus páginas; y si él es de los que doblan hacia otra calle cuando se obran maravillas en el vecindario, es porque, habiendo encontrado la verdad interior, no pide una señal.

Siempre escribe nuestro Hermano con la convicción de que todos los grandes temas nos devuelven al único tema que es el único grande: el logro de esa Verdad Viviente que está a nuestro alrededor en todas partes. Concibe nuestra vida humana como una eterna Búsqueda de esa Verdad Viviente, que toma muchas formas, pero siempre en el fondo es la misma aspiración, cuyo rastro ha convertido en su labor y recompensa seguir. A través de todas sus páginas sigue la tradición de esta Búsqueda, en sus miríadas de aspectos, encontrando en ella el significado secreto de la vida del hombre desde su nacimiento hasta su unión –o reunión– con Dios, que es su Meta. Y el resultado es una serie de volúmenes nobles en forma, unidos en propósito, únicos en riqueza de belleza reveladora, de exquisita perspicacia y de inigualable valor.

Ya en 1886, el Hermano Waite publicó su estudio de los *Mysteries of Magic* (*Misterios de la Magia*), un compendio de los escritos de Eliphas Lévi, con quien Albert Pike estaba más en deuda de lo que nos dejó saber. Luego siguió la *Real History of the Rosicrucians* (*Historia Real de los Rosacruces*), que traza, hasta donde tal cosa puede hacerse, el hilo de los hechos en ese fascinante romance. De la Búsqueda en su aspecto distintivamente cristiano, ha escrito en *The Hidden Church of the Holy Graal* (*La Iglesia Oculta del Santo Grial*); una obra de rara belleza, de desconcertante riqueza, participando su estilo de la historia contada, y en absoluto a la moda de estos días. Pero la Leyenda del Grial es solo un aspecto de la antigua Búsqueda sagrada de la verdad que más vale la pena encontrar, uniendo los símbolos de la caballería con las formas de la fe cristiana.

La masonería es otro aspecto de esa misma Búsqueda secular; y así como el Hermano Pound nos ha mostrado el lugar de la masonería entre las instituciones de la humanidad, y su significado como tal, así el Hermano Waite nos muestra el lugar de la masonería en la tradición mística y la aspiración de la humanidad. Nadie puede esperar escribir sobre *The Secret Tradition in Masonry* (*La Tradición Secreta en la masonería*) con más perspicacia y encanto, o con un toque más seguro y revelador, que este gentil erudito para quien la masonería perpetúa los Misterios Instituidos de la antigüedad, con mucho más derivado de innumerables almacenes de tesoros. ¿Cuáles son entonces las marcas de esta eterna Búsqueda, ya sea que su leyenda esté tejida alrededor de una Palabra Perdida, un diseño dejado inconcluso por un Maestro Constructor o, en su forma cristiana, alrededor de la Copa de Cristo?

Son las siguientes: primero, la sensación de una gran pérdida que ha acontecido a la humanidad, haciéndonos una raza de peregrinos siempre en busca de aquello que se ha perdido; segundo, la insinuación de que lo que se perdió todavía existe en algún lugar en el tiempo y el mundo, aunque profundamente enterrado; tercero, la fe en que finalmente será encontrado y la gloria desvanecida restaurada; cuarto, la sustitución de algo temporal y menos que lo mejor, pero nunca de manera que aplace la búsqueda; y quinto, la presencia sentida de aquello que está perdido bajo velos y símbolos al alcance de la mano. Aunque tome muchas formas, es siempre la misma búsqueda, y a partir de esta declaración de la misma, seguramente deberíamos ver que la masonería tiene un lugar en la mayor búsqueda que el hombre ha perseguido en medio del tiempo. Nuestra Orden está así vinculada con la resplandeciente tradición de la raza, teniendo un lugar y un servicio en el cultivo de la vida del alma, guiando a los hombres en la búsqueda de Dios, para que si por ventura le palparon, le hallen, aunque ciertamente no está lejos de cada uno de nosotros.

Pero esta es una búsqueda larga y difícil, y debemos caminar con cuidado, para no tropezar y caer en los fosos que acechan en el camino. El Hermano Waite nos advierte contra los callejones oscuros que no llevan a ninguna parte, y las falsas luces que atraen a la ruina, y protesta contra aquellos que abrirían la Caja de Pandora de lo Oculto sobre el altar de la masonería. Después de un largo estudio del ocultismo, la magia, los presagios, los talismanes y cosas semejantes, ha llegado a trazar una línea tajante entre lo oculto y lo místico, y en ello es sabio. De una entrevista reciente con él con respecto a estos asuntos en un periódico inglés, podemos leer:

> No hay nada más completamente separado del misticismo que ese conjunto de intereses y cosas llamadas ocultismo. El ocultismo tiene que ver con la idea de que hubo una serie de ciencias secretas transmitidas desde el pasado y que, en términos generales, representaban los pasos hacia la obtención de un poder anormal por parte del hombre, correspondiente a la idea de la Magia. La Magia, por supuesto, significaba muchas cosas: significaba el poder obtenido por el hombre como resultado del trato con espíritus, la invocación de los espíritus de los muertos, todo lo que entendemos por la supuesta eficacia de los talismanes, y todo lo que se comprende en la palabra Astrología. Mi interés en estas cosas ha sido puramente histórico y crítico.
>
> La investigación oculta y psíquica ayuda, por supuesto, a mostrar que la interpretación puramente materialista de las cosas no cubre todo el campo. Muestra un residuo de experiencia que apunta a la existencia de poderes más allá del conocimiento del hombre, algunos de ellos maléficos, otros inocentes en sí mismos, que el estudiante puede tener en cuenta. Desafortunadamente, he conocido a demasiados que siguen estas cosas como el principio y el fin de sus intereses. Conozco a otros también, y a muchos, para quienes la búsqueda exagerada ha significado nada menos que la ruina. Me refiero moral y espiritualmente. Sé, por lo demás, que no llegan a ningún término real; muy pronto se topan con un muro ciego.

Estas son palabras graves y sabias, dichas desde el pleno conocimiento de la historia y los hechos, y sabio es quien las atiende. No es ningún prejuicio teológico de ningún tipo, sino la profunda falacia de lo oculto, y su peligro para la vida y el carácter más elevados, lo que nos ha movido más de una vez en estas páginas a proferir una advertencia similar a aquellos que se desviarían del camino histórico del alma para seguir un fuego fatuo hacia el pantano. Si la masonería abandona su Gran Luz para seguir estas luces errantes, también caerá en la zanja. Pero escuchemos al Hermano Waite:

> El simbolismo es sacramental. Para mí todas las cosas visibles son emblemas. Cuando se pone usted a pensar en ello, ¿no es cierto que todos los funcionamientos de la mente humana son en forma de símbolos? Estos símbolos son verdaderamente representativos y no meras invenciones de la mente, y llegar a la realidad detrás del símbolo es el objetivo del místico. La teoría del misticismo es que la voz de Dios está dentro, y que el alma tiene que entrar en la comprensión de que Dios está dentro. La pregunta es si esa comprensión puede lograrse plenamente en esta vida. Todos, o casi todos, los grandes místicos sostuvieron que solo se aproximaron a ella. La visión y la unión absolutas yacen muy lejos; así que la búsqueda de la Palabra Perdida continúa, siempre adelante. El misticismo no es una vía de escape de uno mismo o del mundo. Es mediante la comprensión de la presencia de Dios en todo lo que nos rodea, y dentro, en las cosas animadas e inanimadas, y sobre todo en el alma del hombre, como alcanzamos el conocimiento de Dios, en la medida en que lo alcanzamos en esta vida. Por lo tanto, no es un camino de escape del mundo, como imaginaban los antiguos ascetas, sino encontrando a Dios en el mundo, lo ideal en lo real, uno con el ideal dentro de nosotros mismos, como alcanzamos la unión con Dios. Somos sacramentos para nosotros mismos. Un hombre construyendo una casa tal vez se sorprendería si le dijera usted que no está simplemente colocando ladrillos y piedras, sino que está tratando de traer a la existencia algo del idealismo de su propia naturaleza, pero si se le pudiera hacer entender eso, ¿no le daría una nueva gloria a su trabajo?

Así, el misticismo, tal como se presenta aquí, es sentido común práctico: llevar a la tarea más humilde la verdad más elevada para iluminar y transfigurar nuestra labor. El tiempo no nos permite hablar de la poesía del Hermano Waite, aunque algunos piensan que su mejor obra se ha hecho en ese campo. Él mismo piensa en su poesía como «rumores de lengua ligera y solo indicios de las canciones que esperaba cantar». Debemos, sin embargo, mencionar su drama de *The Morality of the Lost Word* (*La moralidad de la Palabra Perdida*), que puede encontrarse en sus poemas, recientemente recopilados en dos nobles volúmenes, y recomendamos para él un largo estudio. En otro momento hablaremos de la poesía de nuestro amigo, para quien el mundo es siempre una parábola infinita, dando por el momento solo las siguientes líneas como un indicio de su propósito y poder poético. En medio de un mundo lleno de presagios y signos, impulsado por el don de la visión, reflexionando sobre auspicios y portentos, en parte conjeturo su sentido; capto palabras tenues del lenguaje que el mundo habla a lo largo y ancho, y el alma retirada en las profundidades del hombre, desde el nacimiento de cada hombre, ha gritado. Sé que hay un sentido más allá del sentido de la Voz y la Palabra manifiestas, que los tonos en el canto que nos esforzamos por captar son los tonos que apenas se escuchan; mientras la vida palpitante con cosas secretas tiene muchas demasiado profundas para decirlas, y aquello que evade, con corazón tembloroso, sentimos que es el sentido que buscamos: Escasa sería la habilidad para discernir unos pocos donde se agolpan los innumerables símbolos, para ofrecer la lectura más fácil, captar el grito que es trillado y fuerte.

Por lo demás, confesamos una gran deuda con nuestro querido amigo y Hermano al otro lado de las grandes aguas, dividido por la distancia pero muy cercano en pensamiento, simpatía y estima; un hombre de espíritu puro y elevado, tolerante de mente, noble de naturaleza, en todos los sentidos un verdadero Maestro Masón; y alguien que no olvida «esa mejor parte de la vida de un hombre bueno: los pequeños, anónimos, no recordados actos de bondad y de amor».

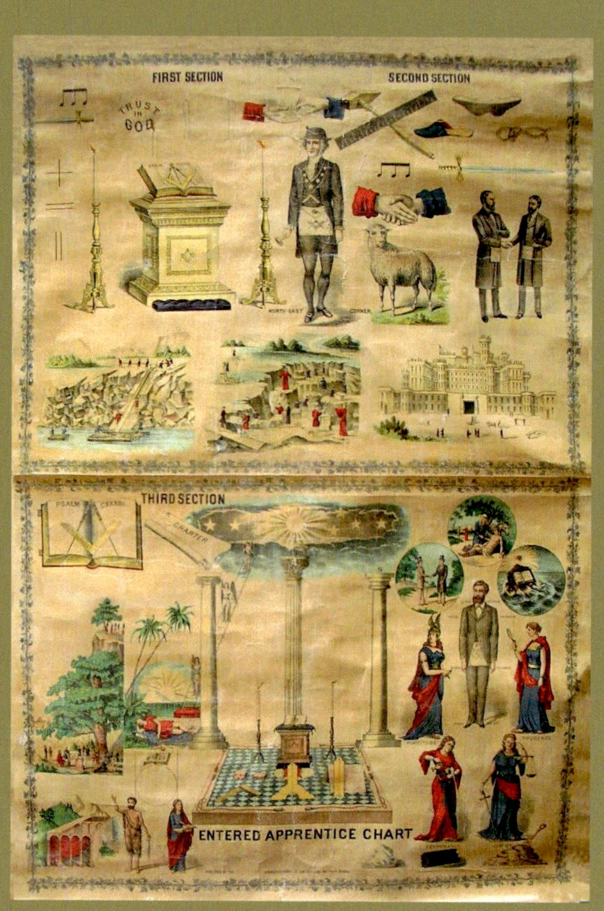
FIRST SECTION
SECOND SECTION
TRUST IN GOD
THIRD SECTION
ENTERED APPRENTICE CHART

ALGUNOS ASPECTOS MÁS PROFUNDOS DEL SIMBOLISMO MASÓNICO

Por el Hno. Arthur Edward Waite, Inglaterra

PARTE I

El tema que voy a abordar presenta ciertas dificultades obvias, porque está fuera del horizonte habitual de la literatura masónica y requiere, por tanto, ser expuesto con considerable cuidado, así como con prudencia razonable. Además, no es fácil hacerle plena justicia dentro de los límites de una sola conferencia. Debo pedir a mis hermanos que tengan en cuenta de antemano el hecho de que hablo de buena fe, y donde la evidencia de lo que afirmaré no aparezca en su plenitud, y a veces apenas en absoluto, deben creer que puedo presentarla si es necesario, si se presentara la oportunidad. De hecho, alguna parte de ella ha aparecido en mis escritos publicados.

Introduciré la cuestión en cuestión mediante una cita que nos es familiar a todos, ya que da la casualidad de que constituye un buen punto de partida: «Pero como no somos todos masones operativos, sino más bien libres y aceptados o especulativos, aplicamos estas herramientas a nuestra moral». Con ciertas variaciones, estas palabras aparecen en cada uno de los grados del oficio, y sus analogías se encuentran en algunos grados subsidiarios que se puede decir que surgen del oficio, como, por ejemplo, el honorable grado de maestro masón de la marca. Lo que se aplica más especialmente a los implementos de trabajo de la masonería pertenece a todo nuestro simbolismo de la construcción, ya sea que se refiera a la erección por parte del candidato en su propia personalidad de un edificio o «superestructura perfecta en sus partes y honorable para el constructor», o, en el grado de marca, a una casa no hecha por manos, eterna en los cielos, o de nuevo al Templo de Salomón espiritualizado en la leyenda del grado de maestro.

UN SISTEMA DE MORALIDAD

Sucede de esta manera que la masonería se describe en otros lugares como «un sistema peculiar de moralidad, velado en alegoría e ilustrado por símbolos». Quiero contarles, entre otras cosas que exigen consideración, algo sobre la naturaleza de la construcción, tal como se presenta en mi mente, y sobre la forma en que la alegoría, los símbolos y el drama encajan todos juntos y apuntan a un significado. Es mi propósito también mostrar que la masonería del oficio incorpora tres elementos más o menos distintos que han sido curiosamente entrelazados bajo la divisa de la arquitectura simbólica. Ese entrelazamiento es hasta cierto punto artificial, y sin embargo surge lógicamente, en lo que respecta a la relación de ideas.

Existe, en primer lugar, el propio trabajo del candidato, en el que se le enseña cómo debe edificarse a sí mismo. El método de instrucción es práctico dentro de sus propias medidas, pero como es tan familiar y abierto, no es, propiamente hablando, la materia de una orden secreta.

Existe, en segundo lugar, un mito de construcción, y la manera en que se presenta implica que el candidato participe en una escena dramática, en la que representa al maestro constructor de la masonería. Existe, en tercer lugar, una búsqueda masónica, relacionada con la noción de una Palabra Secreta comunicada como parte esencial del grado de maestro en la construcción. Este es quizás el más importante y extraño de los tres elementos; pero la búsqueda de la Palabra no termina en el tercer grado.

EL PRIMER GRADO

Miremos por un momento el grado de aprendiz entrado, y cómo están las cosas con el candidato cuando llega por primera vez dentro de los recintos de la logia. Viene como alguien que es «digno y bien recomendado», como si contuviera dentro de sí ciertos elementos o materiales que son adaptables a un propósito específico. Es descrito por su conductor como una persona que está «debidamente preparada». La idoneidad implícita en la recomendación hace referencia a algo que está dentro de él, pero no necesariamente obvio o visible en su personalidad superficial. No es que sea meramente un miembro meritorio de la sociedad en general. Es esto, por supuesto, por el hecho de que es admitido; pero es mucho más, porque la masonería tiene un objetivo en vista con respecto a su personalidad: algo que puede lograrse en él como resultado de su asociación en la hermandad, y por él mismo. En realidad, es por ambos.

El estado «preparado» es, sin embargo, solo externo, y todos sabemos en qué consiste precisamente.

Ahora bien, la manera de su preparación para la entrada a la logia tipifica un estado que es peculiar a su posición protegida como una persona que no ha sido iniciada. Hay otros detalles en los que no necesito entrar, pero debe señalarse que con respecto a su preparación aprende solo el significado del estado de oscuridad, a saber, que aún no ha recibido la luz comunicada en la masonería. El significado de esos obstáculos que lo colocan en desventaja, impiden sus movimientos y lo vuelven de hecho indefenso, es mucho más profundo que esto. Constituyen juntos una imagen que sale de alguna vieja condición al ser despojado de ella –parcialmente al menos– y de entrar después en una condición que es nueva y diferente, en la que se comunica otro tipo de luz, y se va a asumir otra aventura y, en última instancia, se va a entrar en otra vida.

EL SIGNIFICADO DE LA INICIACIÓN

En el primer grado, se abren los ojos del candidato a la representación de un nuevo mundo, pues debéis saber, por supuesto, que la logia misma es un símbolo del mundo, que se extiende a los cuatro rincones, teniendo la altura del cielo arriba y la gran profundidad abajo. El candidato puede pensar naturalmente que se le ha quitado la luz con el propósito de su iniciación, que se le ha restaurado automáticamente después, cuando ha pasado por una parte de la ceremonia, y que por lo tanto solo se le devuelve a su posición anterior. No es así. En realidad, la luz se le restaura en otro lugar; ha dejado de lado las cosas viejas, ha entrado en cosas que son nuevas; y nunca saldrá de la logia siendo el mismo hombre que entró.

Hay un sentido muy verdadero en el que los detalles de su iniciación guardan analogía con el proceso de nacimiento en el mundo físico. La oscuridad imputada de su existencia anterior, en medio de la vida del mundo no iniciado, y el yugo que se le coloca, están incuestionablemente en correspondencia con el cordón umbilical. Recordaréis el punto en el que es liberado del mismo; me refiero a nuestro ritual inglés. No deseo insistir en este punto de vista, porque pertenece por derecho, principalmente, a otra región del simbolismo, y el procedimiento en los grados posteriores confunde una cuestión que de otro modo podría llamarse clara en el grado de aprendiz entrado. Es preferible decir que una nueva luz –la de la masonería– ilumina el mundo de la logia en medio del cual se coloca al candidato; es penetrado por una experiencia fresca; y ve las cosas como nunca se le habían presentado antes. Cuando se retira posteriormente por un período, esto es como su restauración a la luz; en el sentido literal reanuda lo que dejó de lado, ya que es restaurado a la antigua luz; pero en el simbolismo es otro entorno, un nuevo cuerpo de motivación, experiencia y esfera de deber adjunta al mismo.

Asume una nueva vocación en el mundo.

La cuestión de ciertas cosas de tipo metálico, cuya ausencia juega un papel importante, es un poco difícil desde cualquier punto de vista, aunque se han dado varias explicaciones. La mejor manera de entenderlas es dejar de lado lo convencional y arbitrario, como, por ejemplo, la pobreza de espíritu y el estado desnudo de aquellos que aún no han sido enriquecidos por el conocimiento secreto del Arte Real y Sagrado. Va más profundo que esto y representa el estatus ordinario del mundo, cuando está separado de cualquier motivo superior: el espíritu del mundo, los títulos extrínsecos de reconocimiento, los estándares materiales. El candidato ahora va a aprender que existe otro estándar de valores, y cuando vuelve a entrar en posesión de las antiguas fichas, debe darse cuenta de que su uso más importante es en la causa de los demás. Sabéis bajo qué circunstancias sorprendentes se le hace comprender este punto.

ENTRADO, PASADO, EXALTADO

El candidato es, sin embargo, sometido a una experiencia personal similar en cada uno de los grados del oficio, y exige ser entendida así. En el grado de aprendiz entrado es debido a una nueva vida que va a llevar de ahora en adelante. En el de compañero, es como si la mente fuera a ser renovada, para la prosecución de la investigación de los misterios ocultos de la naturaleza, la ciencia y el arte. Pero en el sublime grado de maestro masón es para que pueda entrar plenamente en el misterio de la muerte y de lo que sigue después, siendo el gran misterio del Levantamiento. Las tres palabras técnicas y oficiales correspondientes a las experiencias sucesivas son Entrado, Pasado y Levantado [o *exaltado* según el rito, aunque *Raised* suele referirse específicamente al levantamiento del cuerpo en el tercer grado], siendo sus equivalentes en el oficio Aprendiz, Compañero y Maestro: o aquel que ha emprendido adquirir el arte simbólico y espiritualizado de construir la casa de otra vida; aquel que ha pasado en ella hasta cierto punto de competencia y, en fin, aquel que ha alcanzado todo el misterio. Si puedo usar por un momento la imaginería de Francis Bacon, Lord Verulam, ha aprendido a efectuar en su propia personalidad «un nuevo nacimiento en el tiempo», a llevar un nuevo cuerpo de deseo, intención y propósito; ha ajustado a ese cuerpo una nueva mente y otros objetos de investigación. En fin, se le ha enseñado cómo dejarlo de lado, y una vez más se le ha enseñado cómo retomarlo de una manera diferente, en medio de un simbolismo muy extraño.

SIMBOLISMO IMPERFECTO

Ahora bien, puede observarse que al delinear estas insinuaciones de nuestro simbolismo, parece que ya me he apartado del misterio de la construcción con el que abrí la conferencia; pero en realidad he estado considerando varias luces laterales sobre el mismo. Puede entenderse, además, que no pretendo tratar con un simbolismo que sea perfecto en todas sus partes, por muy honorable que sea por lo demás para el constructor. En el curso de las investigaciones que he podido realizar sobre los Misterios Instituidos de diferentes épocas y países, nunca me he encontrado con uno que estuviera en total armonía consigo mismo. Debemos contentarnos con lo que tenemos, así como es necesario tolerar las convenciones peculiares del lenguaje bajo las cuales los grados del oficio han pasado a expresarse, artificiales y a veces triviales como son. ¿Observaréis una vez más en esta etapa cómo es solo en el primer grado donde se instruye al candidato a construir por su parte una superestructura que es de alguna manera él mismo? Este simbolismo se pierde completamente en la ceremonia del grado de compañero, que, *grosso modo*, es algo así como un grado de vida; siendo los símbolos más especialmente aquellos de conducta y propósito, mientras que en el tercer grado hablan de relaciones directas entre el hombre y su Creador, dando insinuación de un juicio venidero.

EL TERCER GRADO

He dicho, y sabéis, que el grado de Maestro es uno de muerte y resurrección de cierto tipo, y entre sus características notables hay un retorno al simbolismo de la construcción, pero esta vez en forma de una leyenda. Ya no es una erección de la propia casa del candidato: casa del cuerpo, casa de la mente y casa de la ley moral. Somos llevados al Templo de Salomón y se nos dice cómo el Maestro Constructor sufrió el martirio antes que traicionar los misterios que habían sido puestos bajo su custodia. Manifiestamente, la lección que se extrae en el grado es un velo de algo mucho más profundo, y sobre lo cual no hay ninguna insinuación real. Es ciertamente una instrucción para los candidatos de que deben guardar los secretos de la Orden Masónica secretamente, pero tal pacto hace referencia solo al lado oficial y externo. La mera recitación de la leyenda habría sido suficiente para imponer esto; pero observad que el candidato asume el papel del Maestro Constructor y sufre dentro o en él, como testimonio de fe personal y honor con respecto a sus compromisos. Pero después se levanta, y es esto lo que da una característica peculiar al título descriptivo del grado. Es uno de levantamiento y de reunión con compañeros, casi como si hubiera sido liberado de la vida terrenal y hubiera entrado en la verdadera Tierra de los Vivientes. La nota clave es, por tanto, no de muerte sino de resurrección; y sin embargo no se dice en la leyenda que el Maestro resucitara. El punto me parece de considerable importancia, y sin embargo no conozco un solo lugar en nuestra literatura donde haya recibido consideración. Lo dejaré, sin embargo, por el momento, pero con la intención de volver a él.

(Continuará)

SECTARISMO Y MASONERÍA

Por el Hno. Geo. W. Warvelle, Illinois

IENDO yo mismo un pagano griego de la Nueva Academia, aunque no sin una fuerte inclinación hacia los estoicos, siempre me he entregado al máximo eclecticismo en materia de religión. Y debido a que soy imparcial a este respecto, no solo he sido tolerante con las opiniones religiosas de todos los hombres, sino que estoy capacitado para ver belleza y verdad en muchos lugares donde mis hermanos más circunspectos solo ven idolatría, superstición y falsedad. En mis escritos siempre me he sentido libre de vagar a mi antojo por cualesquiera pastos que se presentaran y de recoger las flores que allí crecían, sin pensar en su importancia botánica. Me basta con que sean hermosas.

Por lo tanto, ya sea pronunciado por Jesús, Buda o Mahoma, el mensaje de la verdad es para mí el mismo. Pero estoy divagando. Sin embargo, ese es un defecto de mi composición que, no lo dudo, habrán descubierto hace mucho tiempo.

Ahora bien, ¿qué es la masonería? ¿Es algo apartado del mundo, o es parte de él? Al convertirnos en masones, ¿dejamos de poseer individualidad? Una consideración seria de estas preguntas convincentes puede no ser infructuosa para todos nosotros. Una vez más, ¿es la masonería religiosa o es solo ética? Si es lo primero, ¿está fundida en algún molde o cada uno hace su propio credo? Si es lo segundo, ¿es su moralidad subjetiva u objetiva? Y si es objetiva, entonces ¿de qué fuentes recibimos nuestra moralidad? Unas pocas preguntas más dignas de un poco de pensamiento serio.

He oído afirmar muchas veces que, puesto que la leyenda del Arco Real es semítica, por lo tanto, el canon del Antiguo Testamento debería proporcionar por sí solo la base de nuestro pensamiento religioso como Masones del Arco Real. De hecho, este parece ser un principio generalmente aceptado por los Grandes Sumos Sacerdotes, como se evidencia por las piadosas introducciones exhortatorias y las fervientes conclusiones de sus discursos anuales en los términos de la teología del Antiguo Testamento. Pero, si bien es cierto que la leyenda es semítica, no es cierto que sea escritural. Por el contrario, es distintivamente no escritural. No solo no hay una línea en el Antiguo Testamento que apoye la leyenda, sino que se opone a todos los hechos conocidos de la historia. La leyenda, entonces, es solo un símbolo y como tal es compatible con todas las religiones. Por lo tanto, no hay, ni puede haber, sectarismo en la masonería, pues cada uno puede interpretar el símbolo por sí mismo y todos tendrán razón por mucho que parezcan estar en desacuerdo.

La fraternidad masónica de los Estados Unidos es una composición de muchas razas, con sus diferentes puntos de vista sobre la moral y la religión. Asume, al menos en teoría, reconciliar estos puntos de vista diversos y a menudo antagónicos reduciéndolos a una fórmula común que los *Antiguos Deberes* llaman: «La religión en la que todos los hombres están de acuerdo». Asume proporcionar un terreno de encuentro común para hombres de diferentes razas y religiones, y así promover la armonía de la amistad entre aquellos que de otro modo «habrían permanecido a una perpetua distancia». Pero, ¿cuál es la religión «en la que todos los hombres están de acuerdo»? ¿Existe tal cosa fuera de la fértil imaginación de los compiladores de rituales? ¿Quién puede definir su esencia o enunciar sus principios? De hecho, ¿no es un sueño utópico, que nunca se hizo y nunca se hará realidad? A pesar de que todos son masones, el cristiano sigue siendo cristiano; el judío, judío; el musulmán, musulmán. Cada uno adora una abstracción que llaman Dios, pero cada uno tiene su propio concepto, y este concepto excluye totalmente el de los demás. Así ha sido siempre, y así será mientras la frágil humanidad conserve su molde actual.

No hay, pues, ninguna religión «en la que todos los hombres estén de acuerdo», sino que cada uno de nosotros que quiera adorar verdadera y reverentemente a la Deidad «en espíritu y en verdad», debe ser dejado en libertad para formar sus propias concepciones de esa Deidad, y de Su esencia y atributos. Esto, tal como yo lo entiendo, es lo que se entiende por la doctrina masónica de la tolerancia. No que debamos todos reducirnos al nivel monótono de un credo indefinido de extensión mundial.

Si esto es cierto, entonces ¿qué se clasificará como sectarismo en la masonería? Si el judío reza a Yahvé, ¿ofenderá entonces al musulmán que dice que no hay más Dios que Alá, o si el cristiano busca a su Dios a través de la mediación de Jesús, o tal vez la intercesión de los Santos, se convertirá por ello en una piedra de tropiezo para el judío? ¿Y qué hay de los paganos, como un servidor, que miran a través de la naturaleza hacia el Dios de la naturaleza? ¿No deben nuestras oraciones, si son sinceras, hacerse a través de los canales de nuestra propia fe y no de los de otro?

Creo que se puede afirmar con seguridad que la iglesia universal que todo lo incluye, sin denominación, secta o culto, nunca se materializará. De hecho, la tendencia de los tiempos va en la dirección opuesta. Tampoco sé si tal iglesia es una consumación en absoluto deseable. De hecho, parece como si la naturaleza religiosa del hombre requiriera esta diversidad; que los credos, las sectas y los cultos son necesarios, y que incluso aquellos que parecen estrechos, intolerantes o incluso fantásticos pueden ofrecer una salida para la vida espiritual de las almas subdesarrolladas.

Y así, «que cada hombre esté persuadido en su propia mente», todavía podemos ser hermanos, o, en todo caso, podemos ser primos. Por mucho que podamos estar en desacuerdo en los artículos de fe, aún podemos estar al unísono con respecto al significado de los símbolos.

* * * * * *

Existe una antigua leyenda sobre el buen San Ambrosio, contada por el Sr. Lowell en sus melodiosos versos, pero que yo relato en el dialecto más rudo de mi sencilla prosa. Su aplicación al asunto que acabamos de discutir es tan evidente que no ofrezco disculpas por su introducción.

San Ambrosio, al parecer, era un hombre santísimo que mediante la mortificación del cuerpo, el ayuno y la oración, había hecho su corazón tan blando a la mano de Dios como si fuera cera. Siempre buscaba conocer lo verdadero y rechazar lo falso; a menudo luchaba con la bendita Palabra para hacerla rendir el significado del Señor; todo para poder formar un credo que nada pudiera asaltar y que contuviera la esencia de la verdad eterna. Y finalmente su obra se cumplió; había construido la fórmula de la fe perfecta; y a todos los que le rodeaban les dijo: «Así dice el Señor». Y supo, por ese signo interior pero siempre seguro, que su obra era una inspiración divina. Y entonces, según cuenta la historia, Ambrosio dijo: «Morirán la muerte eterna todos aquellos que no crean como yo». Y así sucedió, en su celo piadoso, que hubo algunos que fueron hervidos, y algunos quemados en el fuego, y otros aserrados en dos, para que su gran deseo por el bien de las almas de los hombres pudiera ser satisfecho.

Pero un día, mientras Ambrosio daba un paseo solitario, divisó a un joven de porte muy gracioso y rostro radiante descansando bajo la sombra de un árbol. Entonces Ambrosio se acercó e inquirió al extraño cómo le iba con su alma. Sin embargo, requirió poco tiempo averiguar que el corazón del extraño estaba endurecido y que no había recibido el sello del único credo verdadero. Esto es lo que dijo el joven:

> Así como cada uno contempla en la nube y el fuego
> la forma que responde a su propio deseo,
> así cada uno en la Ley encontrará
> la figura y los rasgos de su mente;

y a cada uno en su misericordia Dios ha concedido
su propia columna de fuego y nube.

Entonces el alma de Ambrosio ardió con santa ira, y dijo:

¿Crees tú entonces, joven desdichado,
en una esencia dividida en la Verdad?
Temo que tu corazón esté demasiado estrecho por el pecado
para acoger al Señor en su gloria

Ahora bien, cuenta la historia que brotaba junto a ellos, donde estaban parados, una fuente de agua, y el joven, avanzando hacia el arroyo, dijo: «Ambrosio, tú, hacedor de credos, mira aquí». Y entonces tomó seis vasos de cristal y los puso a lo largo del borde del arroyo, después de lo cual se volvió hacia Ambrosio diciendo:

Al verter el agua en estas vasijas,
una contendrá menos, otra más,
y el agua inalterada, en cada caso,
tomará la figura del vaso;
oh tú, que quisieras hacer la unidad mediante la lucha,
¿puedes aplicar este signo al Agua de la Vida?

Y Ambrosio se quedó avergonzado, pero cuando levantó la vista, ¡he aquí que estaba solo! El joven, el arroyo y los vasos, todo se había ido; y entonces supo, por un sentido de gracia humilde, que había hablado con un ángel, y sintió cambiar su corazón mientras con mansedumbre y humildad caía de rodillas y confesaba el gran pecado de su vida.

DISEÑOS DE CONSTRUCCIÓN

Por el Hno. Asahel W. Gage, Illinois

A MENUDO escuchamos que la masonería permite a quienes la entienden viajar a países extranjeros. Es ciertamente verdad que un estudio inteligente de la masonería saca al individuo de su propia pequeña esfera y, al darle una visión más amplia, le permite viajar a esos reinos distantes del pensamiento, donde ninguna voz discordante estropea la armonía de la ley eterna. En la mente de cada hombre existe un universo tan grandioso que es en realidad un reflejo de los grandes planes del Gran Arquitecto del Universo. La masonería guía el camino y despliega los maravillosos misterios. Es en este sentido psicológico superior que la masonería habilita a aquellos que siguen sus preceptos para viajar a países extranjeros.

SALARIOS

También aprendemos que la masonería habilita al viajero para trabajar y recibir salario de Maestro y estar, por ello, mejor capacitado para mantenerse a sí mismo y a su familia y contribuir al alivio de los dignos afligidos. Por salario, sin embargo, no se entienden solo retornos de una naturaleza puramente financiera. Al estudiar el sistema masónico de simbolismo, el masón aprende a leer las leyes de la Naturaleza y aplicarlas para su mejoramiento. Le hace de más valor para el mundo y para sus semejantes y, siendo de más valor, recibe más por sus servicios. La inquebrantable ley de la compensación, el Ojo Que Todo Lo Ve, impregna los recovecos más íntimos del corazón humano y recompensa según el mérito. Es de esta manera que el Maestro Masón trabaja y recibe salario de Maestro.

¿UN MAESTRO MASÓN?

Las enseñanzas de la masonería no se revelan, sus secretos no pueden ser extorsionados, ningún hombre puede recibirlos hasta que esté preparado para ellos. La toma de las obligaciones de Maestro Masón no hace a un Maestro Masón. La masonería señala la Biblia como la Gran Luz para guía y a las Artes y Ciencias como de valor en sí mismas y en sus sugerencias de la gran fuerza que está detrás de ellas. Una concepción de esta fuerza, una habilidad para estudiar mediante el símbolo, para probar lo desconocido por lo conocido, con la misma exactitud concluyente con la que el geómetra prueba el problema desconocido por el axioma y la proposición probada, hace al individuo un Maestro Masón.

ESTUDIO

La exhortación a viajar a países extranjeros, trabajar y recibir salario de Maestro es una exhortación limitada únicamente por la laboriosidad y la capacidad del individuo.

ESPECIFICACIONES DEL TRABAJO SUPLEMENTARIO DESPUÉS DE TOMAR EL PRIMER GRADO

I. REYES

CAPÍTULO V

2. Y Salomón envió a decir a Hiram:

5. Y he aquí, yo tengo el propósito de edificar una casa al nombre de Jehová mi Dios, como Jehová habló a David mi padre, diciendo: Tu hijo, a quien yo pondré en el trono en tu lugar, él edificará una casa a mi nombre.

6. Manda, pues, ahora, que me corten cedros del Líbano; y mis siervos estarán con tus siervos, y yo te daré por tus siervos el salario que tú dijeres; porque tú sabes bien que no hay entre nosotros quien sepa labrar madera como los sidonios.

8. Y envió Hiram a decir a Salomón: He oído lo que me mandaste a decir; yo haré todo lo que deseas acerca de la madera de cedro y la madera de ciprés.

9. Mis siervos la llevarán desde el Líbano al mar, y yo la enviaré en balsas por mar hasta el lugar que tú me señales, y allí haré que la descarguen, y tú la recibirás; y tú cumplirás mi deseo al dar de comer a mi familia.

15. Tenía también Salomón setenta mil que llevaban cargas, y ochenta mil canteros en el monte.

16. Sin contar los principales oficiales de Salomón que estaban sobre la obra, tres mil trescientos, los cuales gobernaban al pueblo que trabajaba en la obra.

CAPÍTULO VI

2. La casa que el rey Salomón edificó a Jehová tenía sesenta codos de largo, y veinte de ancho, y treinta codos de alto.

5. Y cuando se edificó la casa, la construyeron de piedras que traían ya labradas; de tal manera que ni martillos, ni hachas, ni ningún instrumento de hierro se oyeron en la casa mientras se edificaba.

6. La puerta del aposento de en medio estaba al lado derecho de la casa; y se subía por una escalera de caracol al aposento de en medio, y del aposento de en medio al tercero.

19. Y preparó el lugar santísimo en la casa adentro, para poner allí el arca del pacto de Jehová.

20. Y el lugar santísimo tenía veinte codos de largo, y veinte codos de ancho, y veinte codos de alto; y lo cubrió de oro purísimo; asimismo cubrió el altar de cedro.

38. Y en el undécimo año, en el mes de Bul, que es el mes octavo, fue acabada la casa con todas sus dependencias, y con todo lo necesario. La edificó, pues, en siete años.

ESPECIFICACIONES DEL TRABAJO SUPLEMENTARIO DESPUÉS DE TOMAR EL SEGUNDO GRADO

I REYES

CAPÍTULO VII

13. El rey Salomón envió e hizo venir a Hiram de Tiro.

14. Era hijo de una viuda de la tribu de Neftalí, y su padre era un hombre de Tiro, trabajador en bronce; y él estaba lleno de sabiduría, inteligencia y ciencia para hacer toda obra de bronce. Y vino al rey Salomón, e hizo toda su obra.

15. Y fundió dos columnas de bronce; la altura de cada una era de dieciocho codos, y un hilo de doce codos rodeaba a cada una.

16. Hizo también dos capiteles de bronce fundido, para ponerlos sobre las cabezas de las columnas; la altura de un capitel era de cinco codos, y la del otro capitel también de cinco codos.

17. Había redes de obra de rejilla, y trenzas de obra de cadenilla para los capiteles que estaban sobre las cabezas de las columnas; siete para un capitel, y siete para el otro capitel.

18. Así hizo las columnas, y había dos hileras alrededor sobre una red para cubrir los capiteles que estaban en las cabezas de las columnas; y lo mismo hizo para el otro capitel.

19. Y los capiteles que estaban sobre las cabezas de las columnas en el pórtico tenían labor de lirios, de cuatro codos.

20. Y los capiteles sobre las dos columnas tenían también granadas encima, junto a la barriga que estaba al lado de la red; y las granadas eran doscientas en hileras alrededor en el otro capitel.

21. Y levantó las columnas en el pórtico del templo; y levantó la columna derecha, y llamó su nombre Jaquín; y levantó la columna izquierda, y llamó su nombre Boaz.

22. Y sobre las cabezas de las columnas había labor de lirios; así se acabó la obra de las columnas.

46. Todo esto lo fundió el rey en la llanura del Jordán, en tierra arcillosa entre Sucot y saretán.

ESPECIFICACIONES DEL TRABAJO SUPLEMENTARIO DESPUÉS DE TOMAR EL TERCER GRADO

II CRÓNICAS

CAPÍTULO II

1. Determinó, pues, Salomón edificar casa al nombre de Jehová, y casa para su reino.

3. Y envió Salomón a decir a Huram, rey de Tiro: Haz conmigo como hiciste con David mi padre, a quien enviaste cedros para que se edificase casa en que morase.

4. He aquí, yo tengo que edificar casa al nombre de Jehová mi Dios, para dedicársela, para quemar incienso aromático delante de él, y para la colocación continua de los panes de la proposición, y para holocaustos a mañana y tarde, en los días de reposo, nuevas lunas, y festividades solemnes de Jehová nuestro Dios; lo cual ha de ser perpetuo en Israel.

5. Y la casa que tengo que edificar es grande; porque nuestro Dios es grande sobre todos los dioses.

6. Mas ¿quién será capaz de edificarle casa, siendo que los cielos y los cielos de los cielos no pueden contenerlo? ¿Quién, pues, soy yo, para que le edifique casa, sino tan solo para quemar incienso delante de él?

7. Envíame, pues, ahora un hombre hábil que sepa trabajar en oro, en plata, en bronce, en hierro, en púrpura, en grana y en azul, y que sepa esculpir con los maestros que están conmigo en Judá y en Jerusalén, los cuales dispuso mi padre David.

8. Envíame también madera de cedro, de ciprés y de sándalo del Líbano (porque yo sé que tus siervos saben cortar madera en el Líbano), y he aquí, mis siervos irán con los tuyos.

10. Y he aquí, para tus siervos los cortadores de madera, daré veinte mil coros de trigo trillado, veinte mil coros de cebada, veinte mil batos de vino, y veinte mil batos de aceite.

11. Entonces Huram, rey de Tiro, respondió por escrito, enviando carta a Salomón: Porque Jehová amó a su pueblo, te ha puesto por rey sobre ellos.

12. Dijo además Huram: Bendito sea Jehová el Dios de Israel, que hizo los cielos y la tierra, y que dio al rey David un hijo sabio, entendido, cuerdo y prudente, que edifique casa a Jehová, y casa para su reino.

16. Y nosotros cortaremos la madera del Líbano, tanta como necesites, y te la traeremos en balsas por mar hasta Jope, y tú la harás subir a Jerusalén.

CAPÍTULO III

1. Comenzó Salomón a edificar la casa de Jehová en Jerusalén, en el monte Moriah, que había sido mostrado a David su padre, en el lugar que David había preparado en la era de Ornán jebuseo.

3. Estas son las medidas que dio Salomón para los cimientos de la casa de Dios: La primera medida, la longitud de sesenta codos, y la anchura de veinte codos.

8. Hizo asimismo el lugar santísimo, cuya longitud era según la anchura de la casa, de veinte codos, y su anchura de veinte codos; y lo cubrió de oro fino, que ascendía a seiscientos talentos.

15. Delante de la casa hizo dos columnas de treinta y cinco codos de altura cada una, y el capitel que estaba encima de cada una era de cinco codos.

16. Hizo también cadenas, como en el lugar santísimo, y las puso sobre los capiteles de las columnas; e hizo cien granadas, y las puso en las cadenas.

17. Y levantó las columnas delante del templo, una a la mano derecha, y la otra a la izquierda; y llamó el nombre de la de la derecha Jaquín, y el nombre de la de la izquierda Boaz.

HOGARES MASÓNICOS
PARTE 2

Por el Hno. Silas H. Shepherd. Wisconsin

MONTANA tiene un hogar a ocho millas de Helena que fue establecido en 1909 a un costo de 83.526,45 dólares. Hay actualmente una deuda de 15.500 dólares, pero hay 5.500 a la vista para pagar el primero de enero de 1916. Hay una familia de 12. El costo per cápita para el mantenimiento el año pasado fue de 353,16 dólares. El futuro del hogar es brillante.

Nebraska tiene un hogar en Plattsmouth que fue establecido en 1903. Tiene activos de 211.653,29 dólares. Este hogar está controlado por una sociedad anónima de la cual la Gran Logia posee 516 acciones, el Gran Capítulo R.A.M. 110 acciones, la Gran Comandancia C.T. 56 acciones, el Gran Consejo R. y S. M. 16 acciones, y las otras acciones por individuos, logias subordinadas y otros cuerpos masónicos. La O.E.S. (Orden de la Estrella de Oriente) siempre ha asistido de todas las maneras posibles. La familia consiste en 22 hombres, 20 mujeres, 6 niños y 9 niñas. El costo per cápita para el mantenimiento es de 229,92 dólares.

New Hampshire tiene un hogar en Manchester que fue establecido en 1903 a un costo de 28.000 dólares. Es un imponente edificio de tres pisos y sótano con un gran pórtico colonial y está rodeado de hermosos jardines. Hay una familia de 16 adultos, aunque originalmente fue destinado para huérfanos, pero nunca se ha hecho solicitud para huérfanos. El costo per cápita para el mantenimiento es de 475 dólares. Es sostenido por un impuesto per cápita de 50 centavos.

New Jersey tiene un Hogar Masónico y Orfanato en Burlington que fue establecido en 1898 a un costo de 125.000 dólares, y que tiene una valoración actual de 140.000 dólares. Tiene otros recursos de 127.000 dólares. Hay una granja bien surtida y próspera en conexión con él. La familia actual consiste en 45 hombres, 24 mujeres, 8 niños y 10 niñas. El costo per cápita para el mantenimiento es de 277,76 dólares. Es sostenido por un impuesto per cápita de 30 centavos y una cuota de 5,50 dólares por cada iniciado.

Nueva York tiene un hogar en Utica que fue establecido en 1902 a un costo de 638.965,24 dólares. Su membresía actual de 428 consiste en 177 hombres, 125 mujeres y 126 niños. El costo per cápita para el mantenimiento es de 208 dólares. Es sostenido por un impuesto per cápita de 50 centavos. Se mantiene un alto estado de eficiencia y los niños son educados de una manera muy satisfactoria; muchos de ellos están calificados para ocupar posiciones importantes como maestros, músicos, oficinistas, estenógrafos y mecánicos. Algunos de los niños tocan hasta cuatro instrumentos. Actualmente los Caballeros Templarios están erigiendo un edificio para niños, la parte inferior del cual se dedicará a propósitos de formación manual.

Carolina del Norte tiene dos hogares. El Hogar de Huérfanos Masónicos en Oxford está ahora en el año 42 de su utilidad y es un ejemplo de preceptos masónicos hechos práctica. Este hogar cuida a 370 niños, de los cuales solo un pequeño porcentaje son hijos de masones (en 1914 eran 45). Hay una granja, imprenta, escuela de formación manual, y los niños hacen muchas cosas para ayudar a cubrir los gastos. El costo per cápita para el mantenimiento es de 113,98 dólares. El Hogar Masónico y de la Estrella de Oriente fue completado e inaugurado el 12 de enero de 1914. El edificio, con un costo de 22.000 dólares, es una estructura a prueba de fuego de tres pisos y acomodará a 65 huéspedes. Está ubicado justo más allá de los límites de la ciudad de Greensboro en un terreno de 30 acres. La propiedad está valorada en 48.000 dólares. Hay actualmente 27 huéspedes. El costo per cápita para el mantenimiento es de unos 218 dólares. El secretario de la junta del Hogar dice: «Estamos más que satisfechos con nuestro Hogar. Estamos cuidando a nuestros miembros desafortunados de una manera sistemática y sabemos que la masonería es estimulada por nuestros resultados».

Nuevo México no tiene hogar pero está acumulando un fondo para ese propósito.

Ohio tiene un hogar cerca de Springfield, en una finca de 150 acres, que fue establecido en 1897. Los edificios principales son un edificio principal, una cabaña para niños, una cabaña para niñas y un hospital; estos, junto con la planta de energía y los edificios de la granja, se estiman en una valoración de 365.000 dólares. Hay un fondo de dotación de 153.964 dólares que con otros fondos hacen activos totales de casi 600.000 dólares. La familia consiste en 89 hombres, 63 mujeres, 31 niños y 22 niñas. El costo per cápita para el mantenimiento es de 183,84 dólares. Se cobra un impuesto per cápita de 30 centavos para sostener el hogar.

Oklahoma tiene un hogar en Darlington, que era anteriormente la Reserva de la Escuela India, y consiste en 674 acres de tierra valorados en 65.700 dólares, y edificios valorados en 106.000 dólares, que con otros activos suman 191.049,02 dólares. Fue abierto como Hogar Masónico en 1910. La familia consiste en 29 adultos y 105 niños. El costo per cápita para el mantenimiento es de 202,56 dólares. Es sostenido por un impuesto per cápita de 75 centavos y una cuota de 5,00 dólares sobre cada Aprendiz iniciado. Un nuevo dormitorio para niños a un costo de 36.000 dólares, y varias mejoras menores, se han realizado el año pasado.

Pensilvania tiene tres hogares. El Hogar de Broad Street y el Orfanato William Elkins están bajo el control de una corporación compuesta por varios cuerpos masónicos y masones individuales y Logias, bajo el título de El Hogar Masónico de Pensilvania. Está ahora en el año 31 de su utilidad. El Hogar de Broad Street alberga a 88 residentes. El costo per cápita para el mantenimiento en 1912 fue de 171,13 dólares. El Orfanato William Elkins tiene una familia de 41 niñas y 47 mujeres. El costo per cápita para el mantenimiento en 1912 fue de 197,48 dólares. Estos hogares tienen activos totales de

981.636,84 dólares. El hogar en Elizabethtown, que fue inaugurado en 1913, es el Hogar de la Gran Logia y fue construido a un costo de 1.188.023,93 dólares. Es realmente una ciudad masónica, ya que los muchos edificios, calles, etc., dan una breve descripción. Hay una finca de 982 acres y las industrias agrícolas se llevan a cabo de una manera bastante consistente con los métodos de Pensilvania en todo lo masónico, lo que significa en el plan más estupendo posible. Este hogar es el más grande, costoso y extenso de cualquier Hogar Masónico en el mundo y acomodará a 700 personas. Aunque la inversión original fue grande, la construcción continúa y cada sección del estado parece competir con las otras en quién puede trabajar mejor para mejorar este magnífico hogar. La familia el 15 de noviembre de 1914 era de 78 hombres, 79 mujeres y 20 niños. El costo per cápita para el mantenimiento no se ha dado todavía.

Rhode Island no tiene hogar pero tiene un «Fondo del Hogar» que está siendo agrandado por un impuesto per cápita de 10 centavos. El inicio de este fondo fue una apropiación de la Gran Logia en 1912.

Carolina del Sur decidió hace algunos años construir un hogar masónico y creó un fondo para ese propósito que ha alcanzado ahora los 100.000 dólares, lo cual la Gran Logia decidió como el mínimo para comenzar un hogar. Han decidido, sin embargo, no entrar de inmediato en una empresa de la cual no sienten una certeza de éxito y están actualmente cuidando a los necesitados con el ingreso o excedente del fondo.

Tennessee tiene un Hogar de Viudas y Huérfanos Masónicos en Nashville que fue establecido en 1892. Tiene una propiedad valorada en 50.000 dólares. Hay actualmente 179 residentes. El costo per cápita para el mantenimiento es de 127,37 dólares. El hogar es sostenido por un impuesto per cápita de 75 centavos. El Hogar de Viejos Masones está ahora en el curso de construcción y será inaugurado en un futuro cercano.

Texas tiene dos hogares. El hogar en Fort Worth está bajo el control de la Gran Logia y representa una inversión de 226.325 dólares y tiene un fondo de dotación y efectivo en mano de 200.000 dólares. La familia consiste en 36 mujeres, 101 niñas y 112 niños. El costo per cápita para el mantenimiento el año pasado fue de 225,12 dólares. El hogar para Masones Ancianos en Arlington fue establecido en 1911 a un costo de 78.000 dólares. En 1914 había una familia de 62. El costo per cápita para el mantenimiento fue de 200 dólares. Es sostenido por los Masones del Real Arco.

Virginia tiene un Hogar para Huérfanos a dos millas de Richmond que fue establecido en 1890. Tienen una finca de 63 acres valorada en 100.000 dólares, y un fondo de dotación de 30.000 dólares. Hay actualmente 68 niños en el hogar. El costo per cápita para el mantenimiento es de 223,32 dólares. Es sostenido por un impuesto per cápita de 75 centavos. Virginia no ha hecho nada definitivo con respecto al hogar para masones ancianos, sus esposas y viudas, que estaban contemplando.

Washington tiene un hogar Masónico y de la Estrella de Oriente en Puyallup que fue completado en enero de 1914. Está ubicado en terreno elevado que domina una hermosa vista. Además de la propiedad del hogar tienen 65.000 dólares en inversiones. La familia en junio de 1915 consistía en 37. El costo per cápita para el mantenimiento es de 228,95 dólares. Se ha hecho un legado de 150.000 dólares al hogar pero no está disponible para uso actual.

Wisconsin tiene un hogar en Dousman que está bajo la administración del Consistorio de Wisconsin, R.E.A.A. El hogar será, sin embargo, pronto entregado a la Gran Logia y se cobrará un impuesto per cápita de 50 centavos para su apoyo. Tiene una familia de 12 adultos. Cuando la Gran Logia asuma el control probablemente será ampliado tanto en construcción como en la esfera de su utilidad.

Para recapitular, hay 29 jurisdicciones que tienen Hogares Masónicos, siete de las cuales tienen más de uno. Representan una inversión de casi diez millones de dólares y proveen refugio para 4129 hermanos o aquellos cercanos y queridos para ellos.

Nos hemos esforzado por describir las características estadísticas más prominentes de los Hogares Masónicos de los Estados Unidos.

Las palabras son inadecuadas para describir el bien que están haciendo. Nadie más que los trabajadores activos en este campo de utilidad comprende qué verdaderos hogares son. El Hno. Bumpus dice al describir las condiciones en Nashville: «Es una familia armoniosa, y nos atrevemos a decir que en ninguna parte hay un lugar donde el amor y la satisfacción reinen más supremos que en el Hogar de Viudas y Huérfanos Masónicos de Tennessee. Se están formando vidas; se está moldeando el carácter; se está aliviando la angustia; se está apaciguando el hambre; se está consolando el dolor; ¿qué obra más alta, qué obra más noble, podríamos hacer, Hermanos, en lo que a este mundo concierne?».

El P.G.M. (Pasado Gran Maestro) Elrick C. Cole de Kansas dijo: «Personalmente mi orgullo por estos niños de la Gran Logia de Kansas es mucho mayor al cierre de este año que en cualquier otro momento. Habiendo tenido ocasión de visitar otras Grandes Jurisdicciones donde no se ha provisto Hogar alguno, ni para los huérfanos de masones fallecidos ni para los ancianos y enfermos que tienen derecho a nuestra protección, me he encontrado expresando el mayor agradecimiento a aquellos que en los años pasados pelearon las batallas que dieron a la Gran Jurisdicción de Kansas este magnífico monumento a nuestra consideración por aquellos que necesitan nuestro cuidado». Cientos de expresiones de este tipo podrían citarse de aquellos que han tenido una observación personal de los Hogares mientras que el crítico invariablemente lo hace desde la distancia. «Los números no mienten», pero el Amor Fraternal, el Socorro y la Verdad contienen elementos no demostrables por un proceso matemático. El costo de mantenimiento puede parecer a veces excesivo pero los dependientes desafortunados requieren y deben recibir más que mera ayuda financiera. Los ancianos requieren un cuidado y amabilidad no proporcionados simplemente supliendo sus necesidades físicas, y el huérfano no debe ser confiado a nadie más que a aquellos en quienes podemos depositar confianza implícita. Un Hogar Masónico proporciona estos requisitos.

Novedad
HISTORIA
DE LA
MASONERÍA
Albert G. Mackey
HISTORIA DE LA MASONERÍA
VOLUMEN I
ALBERT GALLATIN MACKEY
HISTORIA DE LA MASONERÍA
VOLUMEN II
ALBERT GALLATIN MACKEY
HISTORIA DE LA MASONERÍA
VOLUMEN III
ALBERT GALLATIN MACKEY

EL JUICIO DE LOS CABALLEROS TEMPLARIOS

Por el Hno. Henry D. Funk, Minnesota

El juicio de los Caballeros Templarios a principios del siglo XIV fue una de las parodias de justicia más brutales conocidas por la humanidad, y la disolución de la orden fue una de las tragedias más tristes registradas en la historia de la civilización. El juicio comenzó repentinamente y se llevó a cabo con una animosidad implacable hasta que se logró la ruina de los Templarios. Debido a la conexión real o imaginaria de esa orden medieval con los Caballeros Templarios de hoy, un examen del juicio histórico puede ser de interés para los lectores de *The Builder*.

I
BOSQUEJO HISTÓRICO DE LOS TEMPLARIOS HASTA 1307

Poco después del final de la primera cruzada, en el año 1119, ocho caballeros bajo el liderazgo de Hugo de Payens asumieron la tarea de formarse como guardias para el salvoconducto de los peregrinos de Europa que viajaban entre la costa del mar Mediterráneo Oriental y Jerusalén. Los asociados de De Payens eran Godofredo de St. Omer, Roval, Godofredo Bisol, Payens de Montidiel, Archembald de St. Amand, Andrés de Montbarry y Gundemar, quienes tomaron los votos monásticos regulares de obediencia, castidad y pobreza, y vivieron juntos según las reglas de los frailes agustinos, que se dice fueron hechas por Bernardo de Claraval. Tan eminentemente útil fue el servicio de estos ocho caballeros que Balduino II, rey de Jerusalén, les otorgó favores y les proporcionó cuarteles en una parte de su palacio situado cerca del lugar donde se dice que estuvo el Templo de Salomón. La asociación de la orden incipiente con este sitio histórico dio a los caballeros el nombre de Caballeros del Templo. Su número aumentó normalmente al principio, siendo la adición más ilustre el conde Hugo de Champaña, quien se convirtió en Templario en 1125. En 1128, el concilio de Troyes presenció la confirmación papal de estos caballeros como una orden religiosa y entonces sus números aumentaron rápidamente.

La insignia de los Templarios era: un manto blanco, simbolizando la pureza, y una cruz roja que significaba su disposición a soportar el martirio. Comían sus comidas en común, se les permitía tener caballos, pero no más de tres por cada caballero, y tenían derecho a tener un sirviente por caballero. Se les permitía cazar leones, pero se les prohibía ir de caza con halcones. La correspondencia con parientes estaba prohibida y se negaba toda forma de comunicación con mujeres, incluidas madres y hermanas. Cualquier infracción de las reglas se castigaba con la expulsión de la orden.

Desde su inicio, la orden propiamente dicha estaba compuesta por caballeros de noble descendencia, nacidos en matrimonio honorable, inocentes de ofensas graves y sanos de cuerpo y mente. Los nuevos miembros de esta clase eran admitidos sin pasar por un noviciado; pero en una fecha temprana otras dos clases se identificaron con esta orden: el clero, o sacerdotes, y los *servientes*, o sirvientes.

Las incorporaciones de caballeros seculares por vástagos de familias nobles tendieron a cambiar el carácter monástico de los Templarios y a hacerlos no solo seculares sino mundanos. Entonces encontramos a su cabeza un Gran Maestro, clasificado como un príncipe, y otros *ministeriales* tales como un senescal, un mariscal, un presidente de la oficina de guerra, un Gran Preceptor, un tesorero de la orden, un pañero (*drapier*), y un comandante de la caballería ligera.

Su organización significaba eficiencia y les ganó la buena voluntad del papado. Eugenio III en 1148 remitió una décima parte de la penitencia a todos los que hicieran legados a esta orden. Alejandro III en 1163 les permitió su propio clero, e Inocencio III en 1209 prohibió el uso del entredicho contra ellos excepto por consentimiento papal. Tales favores implicaban obligaciones por parte de los receptores que los papas no tardaron en exigir a sus beneficiarios: ayuda para los agentes papales en quebrantar la independencia de las iglesias locales. Realizado este servicio, el papado compensó a los Templarios nuevamente en 1266 decretando que los regalos a esta orden daban derecho a los donantes a los beneficios de las indulgencias en Tierra Santa. En consecuencia, se les otorgaron muchos regalos, tales como señoríos, aldeas y ciudades, y sus posesiones se multiplicaron en Jerusalén, Trípoli, Antioquía, Chipre y Morea en el Este, mientras que en el Oeste poseían tierras en Francia, España, Portugal, Italia, Alemania e Inglaterra. En todos estos países construyeron sus encomiendas (patios del templo) y se dedicaron a empresas financieras.

Eran los principales banqueros de París y Londres; los Templarios de París actuaban como banqueros para Blanca de Castilla, Alfonso de Poitiers, Roberto de Artois y muchos otros nobles. La orden también proporcionó ministros de finanzas a Jaime I de Aragón y Carlos I de Nápoles. El Templario Thierre de Geleran fue el consejero principal de Luis VII de Francia, y la tesorería de la orden en París era el centro financiero para el reino francés.

Pero la prosperidad material de los Templarios fue su ruina. Desde los días de Felipe Augusto hasta el reinado de Felipe IV, príncipes y prelados, así como los Caballeros de San Juan, estaban celosos del poder ejercido por los Templarios, y era de esperar que a la primera oportunidad los envidiosos les hicieran daño. Desafortunadamente, los Templarios no estuvieron lo suficientemente alertas para mantener la orden irreprochable. Cometieron un grave error cuando permitieron un aumento irrazonable en los rangos más bajos, el de los *servientes*, que se había limitado a uno por cada caballero. Poco a poco, tantos patanes de todo grado, mecánicos, pastores, mozos de cuadra y porqueros se unieron a esta clase que eventualmente constituyeron nueve décimas partes de toda la orden. Entre estos había, naturalmente, muchos de hábitos toscos y aquellos que tenían «los vicios de los monjes». La mente popular no distinguía entre estos «leñadores y aguadores» y los caballeros propiamente dichos. En Francia se hizo costumbre describir a un hombre intemperante diciendo: «boire comme un templier», es decir, bebe como un Templario; y en Alemania la vieja palabra «Tempelhaus» era equivalente a una casa de prostitución.

Sus inmensas posesiones habían hecho a todos los Templarios conscientes de su riqueza y poder, un hecho no especialmente propicio para el cultivo de la virtud cristiana llamada humildad. Por lo tanto, se hizo costumbre caracterizar a un hombre de gran orgullo diciendo: es tan orgulloso como un Templario. Hacia el final del siglo XIII, la opinión pública sostenía que los Templarios y los Caballeros de San Juan no eran necesarios en Occidente, sino que deberían vender sus posesiones en Europa occidental y, tras efectuar una unión de las dos órdenes, ubicarse en Oriente y dirigir todos sus esfuerzos contra los enemigos de Cristo. Felipe IV de Francia estaba especialmente ansioso por eliminarlos de su reino para llevar a cabo su política centralizadora.

Habían resistido el mismo objetivo por parte de Luis VII en 1149 y bloquearon el programa político de Felipe en 1190. El fracaso de la cruzada liderada por Luis IX fue atribuido a ellos, y se habían opuesto a Carlos de Anjou en la conquista de Nápoles sancionada e invitada por el papa; además, habían tomado parte en las Vísperas Sicilianas contra los franceses, y se habían unido para expulsar al regente francés y ayudado a invitar a los aragoneses al trono de Sicilia. En 1295 se negaron a pagar un diezmo a Felipe IV, y en 1296, durante la amarga lucha entre Bonifacio VIII y el mismo rey sobre el derecho a gravar al clero, exportaron los metales preciosos al papa en violación del edicto real.

Cuando Felipe IV exigió su ayuda contra el papa en 1303 rechazaron la obediencia, y en 1306, cuando el rey instó a una amalgama de Hospitalarios y Templarios, declinaron considerar su sugerencia. Tal resistencia a la voluntad real por parte de un rey fuerte era más de lo que él toleraría. Habían surgido circunstancias fortuitas para hacer posible la destrucción de esta odiada orden dentro de su reino, y Felipe no fue lento en ver la oportunidad.

El año 1305 marca el comienzo del llamado Cautiverio de Babilonia del papado, una frase que significa la residencia de los papas en Aviñón, en Francia, por casi setenta años, es decir, hasta 1378. Esta transferencia de la Sede papal de Roma a suelo francés se produjo como resultado de la controversia entre Felipe IV y Bonifacio VIII. Once meses después de la muerte de Bonifacio VIII, los cardenales eligieron al arzobispo de Burdeos para ser cabeza de la iglesia. El nuevo papa tomó el nombre de Clemente V y partió hacia Roma; pero en Lyon, Felipe IV se reunió con él y lo persuadió para que fijara su residencia en Aviñón. Creó veinticuatro nuevos cardenales, en su mayoría franceses y parientes del papa. Durante la disputa entre el rey francés y Bonifacio VIII, el primero había acusado al papa de herejía, sodomía y simonía.

Le había acusado de obtener el papado por fraude y exigió que fuera removido de la Santa Sede. La razón de esta acusación es que el predecesor de Bonifacio, Celestino V, un antiguo ermitaño, había sido elegido al trono papal muy en contra de su propia voluntad el 7 de julio de 1294. Después de unos pocos meses emitió un decreto declarando el derecho de cualquier papa a abdicar. Fue alentado a emitir este decreto y a abdicar por Benedetto Gaetani, uno de los cardenales líderes, quien acto seguido fue elegido su sucesor y asumió el nombre papal de Bonifacio VIII, en diciembre de 1294. Ahora, después de la elección de Clemente V en 1305, cuando el rey tenía al nuevo papa viviendo en suelo francés, usó esta amenaza de convocar un concilio para indagar en la legalidad de la elección de Bonifacio VIII y su sucesor, y la cuestión de la moral y ortodoxia de

Bonifacio, como el medio de obligar a Clemente V a obedecer los deseos del rey.

Cuando Clemente recibió la tiara papal en Lyon, el rey tuvo una conferencia con él y presentó un plan para la disolución de los Templarios. Otra reunión sobre el mismo tema ocurrió entre estas partes en la primavera de 1307. Felipe se preparó para asestar el golpe fatal. El 12 de octubre de 1307, la cabeza de los Templarios en Francia, el Gran Maestro Jacques de Molai, fue un funcionario importante en el entierro de la hermana del rey, Catalina; al día siguiente fue arrestado por orden del inquisidor general de Francia, Guillermo Imbelt, el capellán del rey, y arrojado a prisión.

II. LOS CARGOS CONTRA LOS TEMPLARIOS

El arresto repentino del Gran Maestro sobresaltó a toda Francia. Para apaciguar al público enfurecido, que se sentía amablemente dispuesto hacia el jefe de la orden, y para asegurar una opinión favorable para su acción en Francia y en el extranjero, Felipe emitió una explicación exponiendo las razones de su procedimiento contra los Templarios. En resumen, los acusó de inmoralidad y herejía, nombrando cinco ofensas específicas:

1. Que al ser recibido en la orden, cada neófito debía escupir sobre la cruz y negar a Cristo tres veces.

2. Que el receptor y el novicio intercambiaban besos indecentes, es decir, en el ombligo y los posteriores, mientras estaban desvestidos.

3. Que se comprometían a practicar la sodomía.

4. Que los sacerdotes de la orden no pronunciaban las palabras de consagración al administrar la misa.

5. Que el cordón que los Templarios llevaban sobre su camisa día y noche como símbolo de pureza había sido consagrado envolviéndolo alrededor de un ídolo que adoraban en los capítulos.

III. LA FORMA DEL JUICIO

Después de ser arrestados, los Templarios fueron puestos en confinamiento solitario por periodos que variaban desde unos pocos días hasta años. Uno por uno fueron llevados ante la inquisición sin el beneficio de consejeros legales. Las cinco acusaciones generales les fueron leídas y ampliadas hasta cubrir ciento veinte declaraciones o preguntas. Luego se les informó que una admisión franca de los puntos de los que se les acusaba y una promesa de volver a la iglesia asegurarían el perdón y la libertad, pero la negativa a hacer esto sería seguida por la pena de muerte. La iglesia, es cierto, prohibía el uso de tortura para obtener evidencia, pero para obtener el testimonio perjudicial necesario para establecer una lista de crímenes y errores sobre los cuales condenar al acusado, el inquisidor general recurrió a la tortura. Cuando la evidencia deseada había sido asegurada por este procedimiento, se le pedía al testigo que declarara que su testimonio había sido dado voluntariamente y sin coacción. Entonces era escrito por dos escribanos. Si se negaba a perjurar haciendo tales declaraciones falsas como se exigía, era entregado a los torturadores hasta que declaraba que no se había empleado fuerza para obtener su testimonio, o era torturado hasta la muerte. Algunos testigos fueron expuestos a los sufrimientos del potro tres y cuatro veces antes de que la inquisición pudiera extraer la respuesta deseada.

Cuando Clemente V se enteró de las medidas drásticas tomadas por Felipe IV, parece haberse arrepentido de la concesión que había hecho al rey y le escribió una carta de reproche. Pero la amenaza de convocar un concilio para indagar sobre la legalidad de las últimas dos elecciones papales e investigar la ortodoxia de Bonifacio VIII forzó rápidamente a Clemente a rendirse ante Felipe. El 12 de agosto de 1308, el papa emitió una Bula, «Faciens Misericordiam», dirigiendo una investigación de los Templarios en todos los países donde tenían capítulos por una Comisión de Investigación compuesta por los arzobispos de Canterbury, Maguncia, Colonia y Tréveris. Ante esta

Comisión, Molai fue juzgado el 22 de noviembre de 1309. Después de mantener firmemente la inocencia de la orden, al fin fue vencido en su condición debilitada y demacrada por las artimañas y torturas de sus enemigos.

Enviado a prisión nuevamente, fue traído una vez más en la primavera de 1314 y quemado en la hoguera. Mientras tanto, concilios eclesiásticos en varios países encontraron veredictos a favor de los Templarios. El arzobispo de Magdeburgo en mayo de 1308 arrestó a un número de caballeros pero los liberó en noviembre del mismo año debido a las protestas de los príncipes laicos y eclesiásticos. El rey de Portugal defendió audazmente a la orden; Eduardo I de Inglaterra procedió contra los Templarios de una manera poco entusiasta; Jaime de Aragón y Fernando de Castilla encarcelaron a unos pocos caballeros, pero el concilio de Salamanca pronunció a la orden inocente en octubre de 1310. El mismo juicio fue emitido por el concilio de Rávena en junio de 1310, y en Maguncia, el 1 de julio del mismo año. El primer concilio de Canterbury no los condenó, y el segundo concilio los pronunció culpables solo después de recurrir a la tortura, en octubre de 1310.

Si las investigaciones en los países fuera de Francia resultaron generalmente a favor de los Templarios, el Rey Felipe impidió tal resultado para la orden en Francia. El 20 de agosto de 1308, obtuvo del papa una segunda Bula, «Justum et laudabile», que le autorizaba a vigilar a los Templarios y a mantenerlos a disposición de la iglesia. Así, el gran pastor en Aviñón había nombrado a un lobo para cuidar sus ovejas. Lo que haría era una conclusión inevitable. En octubre de 1310, cincuenta caballeros fueron quemados en la hoguera en París, y el concilio de Senlis el mismo año pronunció culpable a la orden. El concilio en Vienne, en Francia, fue manipulado tanto por el rey como por el papa para obligarlos a pronunciarse contra la orden, en octubre de 1311 y marzo de 1312. Así, en Francia, los Templarios no experimentaron ni misericordia ni justicia.

IV. EL CARÁCTER DE LAS CONFESIONES FORZADAS

El Gran Maestro Molai, cuando fue arrestado por primera vez, admitió, como bien podía, que ciertos desórdenes existían en los capítulos. Él sabía bien que la orden se había alejado de los ideales elevados de sus fundadores. Pero en ninguna parte incriminó a sus compañeros caballeros con las ofensas que los inquisidores estaban decididos a atribuir a la orden. Hasta el final, incluso en la hoguera, negó los cargos. Sus enemigos, sin embargo, se apoderaron de las admisiones de su primer juicio, pervirtieron el testimonio para adaptarlo a su propósito y luego enviaron esta confesión adulterada a los Templarios de Francia, presentándola como una comunicación del jefe de su orden pidiéndoles que se unieran a él en admitir la culpa. A la evidencia obtenida por violencia y por fraude dirigiremos ahora nuestra atención.

1. En cuanto a la acusación de que habían renunciado a Cristo tres veces y habían escupido sobre la cruz. a. Algunos, creyendo que la confesión alterada de Molai y la orden falsificada de admitir los cargos eran genuinas, se declararon obedientemente culpables.

a. Algunos, creyendo que la confesión alterada de Molai y la orden falsificada de admitir los cargos eran genuinas, se declararon obedientemente culpables.

b. Otros cedieron a la admisión del cargo solo después de amenazas y falsas promesas.

c. Algunos confesaron estos ultrajes solo cuando no pudieron soportar más la tortura, mientras que aquellos que se negaron a admitir el cargo fueron martirizados hasta la muerte.

d. Casi todos los que admitieron las acusaciones pertenecían a la clase de los *servientes*.

e. Sus declaraciones eran contradictorias; algunos dijeron que al entrar en la orden se les ordenó negar a Cristo; otros declararon que se les pidió negar a Dios; de nuevo algunos dijeron que fueron obligados a renunciar a los Santos, y aún otros confesaron que tuvieron que blasfemar contra la Virgen María y nuestro Señor.

f. Uno confesó que había orinado sobre la cruz.

g. Esto se hizo: a la vista de los hermanos reunidos; en una habitación oscura; en un campo; en una granja; en una tonelería; en una habitación para la fabricación de zapatos. A veces el testigo declaraba que él mismo había hecho esto, otros afirmaban de nuevo que no habían sido culpables de tal mala conducta pero la habían presenciado en sus hermanos. Algunos dijeron que estas cosas se hicieron como una broma; otros aseveraron que estos actos eran requeridos como prueba de su obediencia, y que habían negado a Cristo «ore non corde», es decir, con la boca pero no con el corazón. Algunos dijeron que habían escupido cerca de la cruz, otros que expectoraron sobre ella, y aún otros declararon que adoraban la cruz el Viernes Santo. Uno que había soportado el potro y la tortura declaró que si fuera obligado a someterse a la prueba de nuevo estaba preparado para confesar que había «asesinado a la madre de Dios».

2. La acusación sobre los besos indecentes. El respeto por la decencia general nos impedirá entrar en detalles; pero aquí de nuevo debemos notar que los testigos no estuvieron de acuerdo. Algunos profesaron absoluta ignorancia de tal práctica, otros admitieron que habían besado al receptor, mientras que aún otros afirmaron que tal osculación fue mutua. Un Templario en Inglaterra confesó que había dos receptores, uno era bueno pero el otro tipo un hombre malvado.

3. Concerniente a la lujuria antinatural. Este cargo fue tema para un examen minucioso. De nuevo se usó la tortura para asegurar evidencia. Algunos juraron que nunca habían oído de tal pecado; algunos admitieron que se les dijo que era permisible pero nunca habían incurrido en él; otros afirmaron que se les había ordenado practicar la sodomía pero no habían obedecido la orden. El mozo de cuadra del Gran Maestro Molai acusó a su maestro de practicar este pecado con él, pero se retractó cuando fue liberado de la tortura y, testifi-

cando ante la comisión papal, dijo que no podía recordar haber hecho nunca tal declaración.

4. En cuanto a la omisión de las palabras de consagración al decir misa. En los juicios en España y en Chipre numerosos sacerdotes testificaron que presenciaron muchas celebraciones de la misa por la orden pero que siempre habían sido en la forma apropiada. Algunos testificaron que habían observado una ligera desviación de la práctica general, pero dijeron que cuando los Templarios recibieron sus reglas no era costumbre elevar la copa o la hostia, habiendo sido dirigida esta forma tan tarde como en el Concilio de Letrán en 1215. En Francia, sin embargo, la tortura aseguró el testimonio de que la misa no había sido celebrada por la orden de acuerdo con el ritual apropiado.

5. El testimonio sobre el ídolo. Sobre este tema se obtuvieron todo tipo de admisiones. Algunos declararon que los Templarios lo adoraban y que era producido cada vez que un neófito era recibido; otros dijeron que era adorado en secreto en los capítulos. Su forma era de todo carácter imaginable. Era un «quoddam caput», es decir, una especie de cabeza de color rojizo; se parecía a un ser humano; era negro y tenía una forma humana; tenía ojos brillantes que iluminaban una habitación oscura; estaba hecho de oro y tenía una larga barba gris; tenía una cara doble; tenía tres caras; parecía una mujer hermosa; estaba vestido como un Templario con una túnica sacerdotal. Un minorita inglés lo describió como un ternero; algunos dijeron que era la estatua de un niño de unos tres pies de altura y tenía dos o cuatro piernas unidas a la cara. Unos pocos persistieron en que nunca habían oído del ídolo mientras que algunos admitieron que habían oído sobre él pero nunca lo habían visto. Otros fueron positivos en que parecía un gato montés; un cuervo; una pintura; un dibujo. El testimonio de unos pocos dice que el ídolo respondería cualquier pregunta que le hiciera el presidente del capítulo; y algunos juraron que el diablo mismo o demonios en la forma de mujeres bonitas venían a ellos con quienes tenían relaciones sexuales.

CONSIDERACIONES GENERALES

Al resumir los puntos principales surgidos en el juicio debemos considerar los siguientes hechos:

1. Que la mayoría de los testigos pertenecía a la clase de los *servientes* cuyas confesiones fueron obtenidas principalmente por tortura y que los mismos testigos en diferentes momentos contradijeron sus declaraciones. En 1307 había de quince mil a veinte mil Caballeros Templarios en Francia, y de ese número solo catorce caballeros propiamente dichos fueron juzgados en comparación con ciento veinticuatro *servientes*. En 1310, de quinientos cuarenta y seis llamados ante la inquisición, solo dieciocho eran caballeros, todos los demás pertenecían a los *servientes*. (16)

2. En París, Reims y Sens, ciento treinta y tres murieron por tortura porque no querían perjurarse e incriminar a su orden.

3. Los ocho Grandes Preceptores de Apulia, Provenza, Normandía, Inglaterra, Alta y Baja Alemania, Aragón y Castilla, persistieron todos en mantener la inocencia de los Templarios, mientras que solo tres preceptores, los de Francia, Guiena y Chipre admitieron los cargos, y entonces solo después de severa tortura.

4. Un gran número de aquellos que confesaron bajo coacción se retractaron después de estar libres de nuevo, y otros declararon antes de que comenzaran las torturas que cualquier confesión arrancada de ellos por violencia sería falsa.

5. La naturaleza de los crímenes admitidos estaba condicionada por la severidad de la tortura.

6. Numerosos concilios eclesiásticos declararon a la orden inocente de los cargos.

7. Dos neófitos en Inglaterra se negaron a dejar la «orden» a pesar de las amenazas y promesas halagadoras. ¿Habrían permanecido lea-

les a los Templarios si hubieran sido sometidos a pruebas humillantes al ingresar?

8. Se decía que la adoración del ídolo era un servicio a una nueva religión establecida por los Templarios. Y sin embargo ningún Templario estuvo dispuesto a profesar su supuesta fe y sufrir el martirio por esta causa. ¿Es probable que miles que habían sido forzados involuntariamente a abjurar de la fe cristiana y a adorar un ídolo hubieran rechazado la oportunidad de regresar a la madre iglesia cuando eso fue posible?

9. A pesar de todas las minuciosas investigaciones realizadas en los diferentes capítulos en todos los países, solo se encontró una imagen o ídolo, y eso fue en la forma de un pequeño medallón que un Templario había obtenido en Oriente como una baratija.

10. El Obispo de Beirut, que había administrado la comunión a los Templarios durante cuarenta años, no había encontrado falta en ellos. Y los sacerdotes a quienes habían ido para confesarse juraron que nunca habían oído sobre los errores imputados a la orden.

11. Los crímenes de los que fueron acusados eran los mismos que se imputaban a todos los herejes en la Edad Media, tales como los Valdenses, los Albigenses, los Caballeros de San Juan, y eran los mismos que el rey de Francia, Felipe IV, no había dudado en imputar a Bonifacio VIII.

12. Si hemos de creer el testimonio de los Templarios con respecto al sacrilegio y la inmoralidad, entonces debemos creer sus declaraciones sobre el trato con el diablo o demonios en forma de mujeres voluptuosas. Eso es totalmente absurdo.

13. Finalmente no debemos olvidar que los principales instigadores en el proceso contra los Templarios fueron los dos hombres más inescrupulosos de Europa, Felipe IV y su servil ministro, Guillermo de Nogaret.

No puede haber duda de que los *servientes* eran culpables de ciertas irregularidades, y es bastante posible que incluso entre los caballeros propiamente dichos se cometieran ofensas graves ocasionalmente. Se habían vuelto orgullosos, codiciosos, conscientes de su poder y a veces arrogantes. Pero, ¿qué organización humana ha tenido alguna vez una membresía perfecta? El ministerio cristiano en general está compuesto por hombres de altos ideales y carácter noble, y sin embargo, si cualquier hombre hiciera un examen minucioso de los crímenes perpetrados por un pequeño número de profesos predicadores del Evangelio podría, sin mucha dificultad, a principios del siglo veinte, establecer un catálogo de pecados que haría parecer al ministerio una de las organizaciones más corruptas de la sociedad moderna. Pero nadie piensa en culpar a toda la iglesia por los errores morales de unos pocos hipócritas o degenerados.

El hecho es que Felipe IV había determinado destruir a los Templarios. El juicio sirvió solo como una excusa para su acción; ningún testimonio favorable a la orden fue admitido en la evidencia obtenida por los perseguidores; el procedimiento fue absolutamente unilateral, siendo la condena el único objeto perseguido constantemente. Puede ser que los Caballeros Templarios hubieran sobrevivido al tiempo de su utilidad, sin embargo, de principio a fin en Francia el juicio fue una farsa, no, fue peor que eso, fue una parodia de justicia sin paralelo en la historia, y la disolución de la orden fue una tragedia.

El mayor catálogo del mundo
de libros de masonería
en castellano.
Autores actuales
Estudios históricos
Obras clásicas
Libros prácticos
Literatura y arte
Trabajos biográficos
Obras institucionales
Rituales
Tradición hermética
Guías históricas
...
(más de 600 obras publicadas)
60
08
MASONICA
Ediciones del Arte Real

EDWIN MARKHAM

EDWIN MARKHAM POETA DE LA HERMANDAD

Por Joseph Fort Newton

ENTRE Entre los poetas de América que viven actualmente, no hay ninguno más grande, tanto en carácter personal como en riqueza de genio, que Edwin Markham, quien es el cantante masónico más noble desde Robert Burns. Dulce de corazón, con una mente llena de luz benigna, canta sobre las viejas simplicidades y santidades que deben yacer en la base de la valía individual y el bienestar social, al tiempo que nos enseña a ver y a seguir «ese hilo de Belleza que todo lo sostiene, que corre a través de todo y une a todos». Él es, de hecho, el poeta supremo, desde Whitman, del bondadoso y gentil evangelio del Amor Fraternal tan necesario en el mundo ahora y siempre. A continuación sigue un breve bosquejo del hombre, con una apreciación de su genio como cantante y vidente.

No es motivo de sorpresa que tal hombre descienda de una ascendencia robusta, tanto intelectual como moral. Por el lado paterno su linaje se remonta al Coronel Markham, primo hermano y secretario de William Penn, y más tarde gobernador interino de Pensilvania. Su línea materna, a través de los Winchell, se remonta al mejor linaje de la Nueva y Vieja Inglaterra y Holanda. Nuestro poeta nació en Oregón, en 1852, a donde sus padres pioneros se habían mudado desde Míchigan. Al morir su padre cuando el niño tenía poco más de cuatro años de edad, lo encontramos viviendo con su madre y hermano en uno de los valles románticos y remotos de California.

Su madre era una mujer de naturaleza más bien silenciosa –su hermano era sordomudo– y el muchacho se quedó muy solo con la naturaleza y su propia vida interior. Años de silenciosa reflexión, mientras seguía al ganado o guardaba las ovejas, desarrollaron profundidad y originalidad de mente, evocando el alma de poeta dentro de él. Recuerdos de esos días cuando era un pastorcillo encuentran eco en sus poemas, como, por ejemplo, en «El Regreso del Corazón» (*The Heart's Return*).

En parte, al menos, su don para el canto fue una herencia, pues su madre, aunque tan callada y reservada, era una amante de la poesía y escritora de versos por su propia cuenta. Algunas de sus líneas se encontraban frecuentemente en los periódicos de la época. El primer dinero que Edwin ganó fueron veinticinco dólares por arar el campo de un vecino, que su madre le dijo que era suyo, y que podía tener lo que deseara comprar con él.

Compró libros: el Diccionario Íntegro de Webster, y los poemas de Tennyson, Bryant y Moore. No es difícil imaginar el uso que dio a esos preciosos volúmenes en el ocio que tenía en el pacífico valle de Suisun, donde cuidaba los rebaños y manadas. Su oportunidad para una formación técnica temprana fue escasa –unos tres meses al año, y no siempre eso– pero estudió diligentemente, haciendo el mejor uso de cualquier libro que llegara a sus manos. También, trabajó y soñó y trazó planes, de formas tan diversas como los muchachos ambiciosos pueden idear, hasta que a los dieciocho años ingresó en la Escuela Normal Estatal en San José, y más tarde terminó su trabajo escolar en el Christian College, Santa Rosa. Creyendo en el valor de la artesanía, dominó los secretos de la herrería y trabajó en la fragua por un tiempo. Pero a un hombre de su genio no se le permitió permanecer en la fragua, y pronto fue llamado a otro y más alto servicio.

Markham fue hecho masón en la Logia Acacia N.º 92, en Coloma, California, a principios de los años ochenta, y tiene un interés permanente en la Orden. Desde el principio, el Espíritu de la masonería le conmovió profundamente, como era natural para un hombre para quien la Hermandad no es solo «la cima y coronación de todo bien», sino religión en su nombre más profundo, y quien ve que «Las finas audacias de la acción honesta, Las hogareñas y viejas integridades del alma», deben ser el fundamento tanto del carácter personal como de la belleza social. Él cuenta a la masonería entre las fuerzas profundas, tranquilas y hermosas destinadas a suavizar el duro invierno del mundo hacia un gran verano de amistad y buena voluntad. De alguien que es tan casto de alma, tan encendido con la alegría de la vida y la maravilla del mundo, y tan fraternal con todo, se puede decir que ha encontrado la Palabra del Maestro. Su amigo Joaquin Miller dijo de él hace años: «Markham siempre me ha parecido el más puro de los puros; el hombre de mente más limpia de todos los muchos grandes y buenos de su alta vocación que he conocido, y ha sido mi alto privilegio conocer a casi todos los grandes autores de las tierras sajonas este último tercio de siglo».

Para Markham la poesía no es un juego secundario, ni un sentimentalismo suave y sensual, sino una vocación alta y celestial, el vehículo adecuado para la expresión de las verdades que nos hacen hombres. Hay algo del impulso de la necesidad divina en todo su canto, y un sentido de consagración. Es el elemento profético lo que uno siente en su música, como de un hombre que ha oído cosas inefables y debe hablar. Uno no puede leer «El Camino del Torbellino» (*The Whirlwind Road*), por ejemplo, sin recordar a San Pablo y la compañía de aquellos que viven la vida dedicada. Para él, el hogar del poeta está en las alturas, y su misión es de liderazgo –no un «cantante ocioso de un día vacío»– sino una voz piloto prediciendo un nuevo día:

> La vida es una misión severa como el destino,
> Y el canto un temible apostolado.
> Los trabajos de la profecía son suyos,
> Para aclamar a los siglos venideros–
> Para facilitar los pasos y levantar la carga
> De las almas que vacilan en el camino.

Él avanza delante de la raza,
Y canta desde un lugar silencioso,
Y el sendero oscuro que abre hoy
Será algún día un camino trillado.

Resueltamente se ha mantenido fiel a este alto ideal de su arte, refinando su oro y sometiéndolo a toda prueba, y pocos hombres de nuestros días tienen más que decirnos. Detrás de toda la poesía de Markham yace una gran filosofía que ve que la gran Alma del Mundo es justa, y amorosa también. Para él la importancia de la vida es profunda, más profunda que el tiempo y la tumba, y un Espíritu imponente pero judicial se mueve detrás de nuestra escena humana, pesando las estrellas, pesando los hechos de los hombres. Él es un adorador callado ante ese alto Espíritu benigno que va sin demora a la hora del ajuste de cuentas, derrotando las injusticias de los hombres. Como podemos leer en el poema sobre Dreyfus:

Oh hombres que forjáis el grillete, es en vano;
Hay una Mano Quieta más fuerte que vuestra cadena.
De nada sirve negociar, burlarse y asentir,
Y encogerse de hombros como respuesta a Dios.

De la mano poderosa de Dios –tan quieta, pero tan segura– no hay escape, aquí o en el más allá o en cualquier lugar. Cuán convincentemente, pero cuán compasivamente, enseña esta verdad en muchos cantos dorados. Desde George Eliot no ha surgido un apóstol más enérgico de la acción humana que Markham. Insistentemente, consistentemente, elocuentemente, enseña la justicia absoluta que yace en la raíz de las cosas, y la rectitud ante la cual los hombres deben inclinarse al fin. Tomemos, por ejemplo, sus líneas a «El Suicida». ¡Cuán pocas las palabras, cuán vasto el significado! Es toda una filosofía con una inmersión de la pluma:

Fatigada por el trabajo, y confiando en la loca creencia de Zenón,
Un alma se fue lamentando del mundo del dolor;

Una esperanza salvaje guiaba el camino,
Entonces repentinamente-¡consternación!
Así que la vieja carga estaba allí-
¡El deber, la desesperación!
Nada había cambiado; todavía solo un escape
De su viejo yo hacia la forma de ángel.

No hay escape en la vida o la muerte, salvo en la obediencia a la voluntad justa y amorosa de Dios. ¿Cuál es la voluntad de Dios? ¿Cuál, de hecho, como nuestros propios corazones nos dicen, sino que debemos ser puros de corazón y fraternales de espíritu, haciendo nuestro pan diario «pan de hermano», y viviendo para servir a nuestras almas semejantes? Markham ha escrito sobre la Religión como el Arte de la Vida, y sobre la poesía como el Alma de la Religión -como testigo su exquisito estudio de «La Poesía de Jesús». Pero, profundamente religioso como es, la religión significa para él castidad personal y ministerio humano -hermandad de espíritu y hecho. Por lo tanto, nos invita a orar con palabras, pero también, y aún más, con obras, por la pureza del alma, por la fidelidad amorosa de unos a otros, por la libertad y el compañerismo entre los hombres.

Como todos los sabios de antaño, nuestro poeta sostiene que sabemos tanto como hacemos. Fray Hilario, en «La Búsqueda Obstaculizada» (*The Hindered Quest*), habituado en su celda, buscó la paz en vano hasta que, oyendo un grito de necesidad humana, salió a hacer una buena obra; entonces, como el Maestro le dijo-

Giraste al fin tu llave oxidada
Y dejaste la puerta entreabierta para Mí,-

lo cual declara en un espacio del tamaño de una uña lo suficiente para un credo y una docena de comentarios. Así también en «El Ángelus», esa colecta para cualquier día de la semana, y para cada mes del año; y también en «Los Negocios del Padre», por nombrar dos de muchos poemas. A la vieja y brutal pregunta de Caín, ¿Soy yo acaso guarda de mi hermano?, Markham responde que hemos nacido para la práctica de la Regla de Oro, y nuestro destino es aprender a vivir y dejar vivir, a pensar y dejar pensar, construyendo un orden social que sea sabio y justo y puro.

Hay un destino que nos hace Hermanos;
Nadie va por su camino solo;
Todo lo que enviamos a las vidas de otros
Regresa a la nuestra propia.

De hecho, nuestro poeta sostiene que la necesidad del hombre puede resumirse en Pan, Belleza y Hermandad- Pan, el símbolo de las necesidades físicas que deben satisfacerse antes de que el hombre pueda elevarse a la vida humana superior; Belleza, ese maná del cielo para alimentar al alma hambrienta en su peregrinaje; y Hermandad, la única palabra profética que describe la traducción del ideal a lo real. Cuando aprendamos a ser fraternales, los hombres no serán usados para hacer dinero, sino que el dinero será usado para hacer hombres. Sí, cuando hayamos dominado el bello arte de la libertad, la justicia y la vida amable, la cansada tragedia de la historia humana se convertirá en un canto de victoria. Y hasta que aprendamos la vida fraternal «los hombres somos esclavos y viajamos hacia abajo al polvo de las tumbas». Aquí está nuestro material; aquí nuestras herramientas y nuestro diseño divino:

Los hombres de la tierra tenemos aquí la materia
Del Paraíso-¡tenemos suficiente!
No necesitamos ninguna otra cosa para construir
Las escaleras hacia lo Incumplido-
Ningún otro marfil para las puertas-
Ningún otro mármol para los pisos-
Ningún otro cedro para la viga
Y la cúpula del sueño inmortal del hombre
Aquí en los senderos de cada día-

Aquí en el camino humano común–
Está todo lo que los atareados dioses tomarían
Para construir un cielo, para moldear y hacer
Nuevos Edenes.
Nuestra es la materia sublime
Para construir la Eternidad en el tiempo.

América, en la visión de Markham, es la última gran esperanza del hombre, porque ofrece una oportunidad para la práctica de la Hermandad. Ese es su imperioso recado entre las naciones, y «La Necesidad de la Hora», y de todas las horas, es un liderazgo intrépido y fiel de hombres honestos y verdaderos «guiados por las estrellas para construir el mundo de nuevo» –tal liderazgo como el que tuvimos cuando Lincoln vivía. Seguramente Markham ha escrito el más noble de todos los poemas en alabanza a Lincoln. No hay otro igual en ninguna parte. Si no hubiera escrito nada más, tendría derecho a nuestro recuerdo duradero y agradecido. En una hora salvaje y fatídica, cuando la nación estaba en una situación desesperada, la Madre-Norn dobló los cielos y bajó para hacer un hombre a la altura de la necesidad mortal:

Ella tomó la arcilla probada del camino común–
Arcilla tibia aún con el calor genial de la tierra–
Lanzó a través de todo una veta de profecía;
Luego mezcló risa con la materia seria.
Era una materia para usar por siglos,
Un hombre que igualaba a las montañas y obligó
A las estrellas a mirar hacia nuestro lado y honrarnos.

¡Verdaderamente él es un «buen poeta gris» –bendiciones sobre su cabeza!– tan gentil de conocer, tan glorioso de escuchar, simple, sin afectación, amable, palpitante de fe y esperanza y amor. Su último libro, «Los Zapatos de la Felicidad» (*The Shoes of Happiness*), es en algunos aspectos el mejor. Su mensaje es el mismo de antaño, pero se vuelve más rico, más profundo y más variado en su exposición -sonetos brillantes como el sol, líricas de corazón profundo que acuden en ayuda de historias, parábolas y cuartetas- y Longfellow podría envidiar la gracia exquisita de «Los Malabaristas de Turena». El grupo de cantos bajo «El Héroe de la Cruz», notable tanto en perspicacia como en arte, son reverentes, austeros, hermosos y dignos de alto rango en la Melodía Cristiana. Él es de aquellos que conocen el camino a Emaús, y al Camarada Blanco que viaja con nosotros cuando caminamos ese sendero del atardecer. Las primeras líneas de este último libro son familiares para nuestros lectores, pero son demasiado características de la camaradería inclusiva del hombre y la sabia estrategia de su amor como para omitirlas:

Él trazó un círculo que me dejó fuera-
Hereje, rebelde, una cosa para despreciar,
Pero el amor y yo tuvimos el ingenio para ganar:
Trazamos un círculo que lo incluyó a él.

Apolo ha sido amable con nuestro poeta-amigo y Hermano, concediéndole en su plenitud la oración de Horacio: una vejez sana y saludable consolada por el dulce canto. Su idealismo no ha disminuido con los años. El tiempo le ha enseñado una fe más profunda que alcanza el mañana mayor que él ve tan seguramente en camino. Puede que no llegue en perfección en su día, o en el nuestro, pero llegará, como la mañana sigue a la noche:

Venid, despejad el camino, entonces, despejad el camino;
Credos ciegos y reyes han tenido su día.
Romped las ramas muertas del sendero;
Nuestra esperanza está en lo que sigue-
Nuestra esperanza está en hombres heroicos,
Guiados por estrellas para construir el mundo de nuevo.
Hacia este evento corrieron las edades:
¡Abrid paso a la Hermandad-abrid paso al Hombre!

SHAKESPEARE

HACE trescientos años, el 23 de abril de 1616, el alma poderosa de Shakespeare emprendió su vuelo desde el sinuoso Avon, cuyos paisajes rondaron todos sus días, hacia esa tierra donde el hombre despierta de sus elevados sueños y encuentra que sus sueños siguen allí, «y que nada se ha ido salvo su sueño». El propio Shakespeare consideraba a Julio César «el hombre más importante de todo el mundo», pero César con sus legiones y sus leyes no creó un imperio tan duradero como el que surge de la mente del gran dramaturgo, que no fue de una época, sino de todos los tiempos, hasta que el tiempo deje de ser y los días y las obras hayan terminado.

¡Shakespeare! Leerlo es como sumergirse en la Fuente de la Juventud y salir recién nacido, con el aleteo de alas felices en nuestros corazones. Cuán rico y espacioso es, cuán grande y libre su expresión, cuán elemental; pero cuán mágico, además, es su espíritu. Tenía tal alegría de vivir, a pesar de su tragedia, tal abundancia de fantasía floreciendo en poesía y en hechos heroicos incluso en su locura. Qué importa si no podemos contar nada nuevo sobre Shakespeare; él es nuevo con una juventud que nunca envejece, y en compañía de él podemos escuchar el murmullo del mar y aprender a mirar las estrellas.

¡Qué bien recordamos cuando escuchamos por primera vez sus líneas líricas y rítmicas leídas por una voz ahora silenciada, y qué vistas se abrieron ante nosotros! Los años más maduros, trayendo una perspectiva menos rosada, solo han profundizado el milagro de los peñascos y valles, las luces y sombras de esa maravillosa elocuencia. Hoy tratamos de pensar en Shakespeare, y solo podemos pensar en la vida, la muerte y el alma. Simplemente recitarnos los nombres de sus obras, pasar lista a nuestros personajes favoritos, dejar que la música y la imagen del verso se deslicen sobre nuestras mentes, es como sostener joya tras joya de un cofre oriental y observar el destello, el brillo y el juego de colores. Es como caminar en el jardín de Alcínoo, donde la manzana cae sobre la manzana y la flor y el fruto cuelgan juntos en el árbol.

Nuestro pensamiento sobre Shakespeare es una asociación ricamente compleja. Como en la gran pintura de Rafael, donde se ve que la nube del fondo, cuando miramos de cerca, está formada por innumerables rostros, así alrededor de Shakespeare se reúne una nube de mentes brillantes. Él ha, por así decirlo, robado a generación tras generación su almacén para añadirlo a su Tesoro de Mérito, y sin embargo da más de lo que toma; una estrella, como dijo Milton, a la que otras estrellas acuden y llenan sus urnas doradas con luz. ¡Piensa en los críticos que han venido desde los confines de la tierra, trayendo sus regalos de alabanza para ponerlos a sus pies! ¡Piensa en los artistas cuyas encarnaciones de sus escenas vienen a la mente ante la mención de su nombre! ¡Piensa en los actores que han hecho inmortales sus nombres en sus roles, cuya melodía de voz, cuya majestuosidad o encanto personal, se mezclan con nuestra memoria de la poesía misma! Pensar en Hamlet es ver una vez más la graciosa figura de Edwin Booth, escuchar su rica voz y sentir su tristeza solitaria como la de un habitante en un mundo todo hermoso incluso en sus penas. ¡Qué desfile de belleza, poder y genio, todo radiante en una sola luz, pasa ante nosotros!

Todos nosotros, en los días que no volverán, subimos la escalera dorada hacia la gran entrada principal del teatro de Shakespeare, guiados por nuestros honrados y queridos maestros, algunos de los cuales se han quedado dormidos. Fuimos instruidos en las obras principales por Charles y Mary Lamb, esos primeros y amables porteros de la Casa Hermosa, quienes nos contaron los relatos trágicos en un inglés perfecto. Luego estuvimos listos para escuchar a Jameson, Lady Martin, Coleridge y Hazlitt, o a escritores extranjeros, usados en las escuelas, como Gervinus y Ulrici. Quizás a los veinte años sentimos que conocíamos a Shakespeare, pero los años nos han enseñado que no lo conocemos, y puede que nunca vivamos para medir la altura y profundidad de su vasto genio.

Uno le da vueltas y vueltas, dijo la dulce Mary Coleridge, y todo está ahí; todo en Shakespeare excepto la Biblia. Por supuesto que eso es una exageración, pero es cierto que él es señor de más dominios que cualquier otro poeta que haya vivido. La experiencia religiosa suprema es casi el único reino donde su genio no está asegurado, y él vaga alrededor de ese reino en constante asombro, y casi parece haber entrado en él en ese milagro de perspicacia y arte: *La Tempestad.* No es de extrañar que Goethe dijera de sus obras:

> ¡Estas no son ficciones! Pensarías, al leerlas, que estabas ante el terrible Libro del Destino sin cerrar. La fuerza y la ternura, el poder y la paz de este hombre me asombran. Todas las anticipaciones que he tenido con respecto al hombre y su destino, las encuentro desarrolladas y cumplidas en los escritos de Shakespeare. Parece como si él aclarara cada uno de nuestros enigmas para mí, aunque no podamos decir: Aquí o Allí está la palabra de la solución. Los pocos vislumbres que he lanzado sobre su mundo me incitan a acelerar mis pasos hacia los mundos reales, a mezclarme en el flujo de destinos suspendidos sobre él; y finalmente a extraer unas pocas copas del gran océano de la verdadera naturaleza.

Conocer a Shakespeare, y a los hombres y mujeres de ensueño en su escenario, y la gran simplicidad, cordura y dulzura de su espíritu, es el privilegio, y debería ser el deber de todos nosotros, particularmente de los jóvenes que necesitan el toque sobre sus corazones de mentes grandes y sabias. Sus aguas claras, oremos, nos harán olvidar por mucho tiempo los tragos que hemos bebido hasta ahora en los caminos del tiempo, de la corriente ensuciada por los revolcones de los cerdos del arte sucio y la sensualidad grosera. Porque él tiene la pureza de la Naturaleza, su vastedad y serenidad, y la profundidad de un cielo lleno de estrellas.

LA ESTRELLA SOLITARIA

El cordial respaldo de la Research Society (Sociedad de Investigación) y su revista, y de su libro de texto *The Builders*, por la Gran Logia de Texas es muy altamente apreciado, más aún porque llegó completamente sin ser buscado y como una completa sorpresa, al igual que un respaldo similar por la Gran Logia de Indiana. Al editor se le debe permitir expresar su alegría personal por estas palabras de confianza y sanción de la Gran Logia de su estado natal, bajo cuya bandera nació su madre cuando era una república, antes de que fuera anexionada a la Unión. Así, el tirón de los tiempos, la atracción de los lazos familiares y las asociaciones históricas, se unen con el amor e interés masónico, haciendo tal respaldo incondicional doblemente grato. Del informe leemos estas palabras:

Se presenta una copia de *The Builders* a cada masón recién exaltado en cada Logia en Iowa. Recientemente hemos leído este pequeño volumen y podemos recomendarlo, sin reservas, a cada masón en Texas. Es auténtico, escrito en un estilo encantador, y las referencias del autor a las autoridades comprenden toda la gama de los libros masónicos estándar, permitiendo así al lector extender su curso de lectura hacia campos más amplios.

La Gran Logia de Iowa, bajo el liderazgo de su capaz Comité de Investigación Masónica, descubrió qué hacer y lo están haciendo. La membresía de la Research Society está aumentando rápidamente, y *The Builder*, su revista mensual, dedicada exclusivamente a la masonería, está alcanzando un alto estándar, y el trabajo de la Sociedad tal como está planteado ciertamente promete mover los límites de la Investigación Masónica en este país hacia un terreno más elevado. Cada masón, dondequiera que resida, es bienvenido a convertirse en miembro de la Sociedad a un costo nominal por cuotas anuales y la revista se envía gratis. La Sociedad también está publicando una serie de conferencias y documentos de gran mérito y vendidos a un costo nominal. No se opera con fines de lucro, sino que todos los ingresos se utilizan para extender y mejorar el trabajo de la Sociedad. Tiene la plena sanción de la Gran Logia de Iowa, uno de los Grandes Cuerpos más conservadores y sin embargo uno de los más progresistas de nuestros cuerpos afiliados. Su gran Biblioteca Masónica, en Cedar Rapids, es la admiración de todo el país».

PASCUA

Siento el alma de un Dios poderoso,
Mientras vibra a través de eones de tiempo,
Y se esparce sobre la tierra con un toque magistral
De paz que es grandiosa y sublime.
Siento la vida del universo,
Mientras palpita en cada brisa pasajera,
La escucho y la veo reflejada de vuelta
Desde todas las flores y árboles.
Siento esta vida en mi corazón humano
Rebotar con un amor alegre,
Mientras salta al son de una emoción extasiada,
Desde los reinos del Padre arriba.
Me deleito en su luz mientras me envuelve
Con todo su brillo y resplandor,
Y la graciosa tierra es adornada de nuevo
Con su manto de amarillo y verde.
Escucho el sonido de la ola distante
Mientras se mezcla con el rugido del océano;
Así se mezcla la música de mi corazón
Con el Dios que todos adoramos.
Y aunque soy meramente un átomo en el espacio
Que se balancea por la luz del sol,
No puedo sino regocijarme y ser feliz y libre,
Porque el Padre y yo somos uno.

– Arthur B. Rugg, Minn.

LA BIBLIOTECA
POESÍA MASÓNICA

Con mucha frecuencia surge la pregunta: ¿por qué tenemos tan poca poesía masónica realmente grande? Varios Hermanos la han planteado últimamente en sus cartas a nosotros, señalando que, aunque tenemos versos en abundancia, y muchos de ellos muy buenos de hecho, muy rara vez se elevan por encima del nivel de verso hasta que el Hermano que los escribió muere –como en la historia donde los versos de la niña fueron llamados poesía después de que ella se hubiera ido. Están desconcertados por saber por qué debería ser así. La masonería es una Cámara de Imágenes, rica en sugerencias, muchos de sus Grados son poemas actuados, y no pueden entender por qué, con tal riqueza de tipos, alegorías, emblemas y sentimiento, no tenemos más y mejor poesía masónica.

El difunto Robert Morris, tan ampliamente conocido y bien amado entre nosotros, durante muchos años el Poeta Laureado de la Orden, a menudo ponderó esta misma cuestión. En el prefacio a la última edición de su volumen de *The Poetry of Freemasonry* (*La Poesía de la Francmasonería*) volvió a ella por última vez, no mucho antes de irse

> A esa tierra lejana, más allá de la tormenta y la nube,
> A esa tierra brillante, donde el sol nunca se pone,
> A esa tierra de vida que no tiene tumba ni sudario
> Y los Hermanos se encuentran de nuevo quienes a menudo
> se han encontrado.

Pero no resolvió el misterio. Nombra a una serie de hombres que en su día, y antes, habían escrito poesía distintivamente masónica, como Mackay, Percival, George Morris, Yates, Vinton, y podría haber añadido a Pike y Boutelle. Elogia sus poemas, algunos de los cuales reproduce en su volumen –ninguno de ellos, nos atrevemos a pensar, igual a sus propias líneas melodiosas. Pero lo que más le desconcierta es por qué grandes poetas como Scott, Lamartine, Moore, Cowper, Hogg, Burns, Prentice y otros, todos miembros de la Orden –podría haber añadido a Pope, Byron, Lessing– no escribieron poesía masónica.

Entonces hace la pregunta:

> ¿Y por qué es esto? ¿No sugiere el tema de la Francmasonería a la mente poética un vuelo hacia el cielo? Si la religión constituye un tema tan favorable para los poetas debido a su extraordinario despliegue de imágenes, ¿no abunda la Francmasonería aún más en tales cosas? La naturaleza y propósito mismos de nuestra Orden es enseñar una cosa por medio de otra –sugerir una verdad interna mediante un emblema externo. Robert Burns encontró en el murmullo de un arroyo y el trino de un pájaro la voz de su amada. Walter Scott vio a través de los contornos de una punta de lanza oxidada o un par de espuelas rotas la imagen de un campo bien disputado. Thomas Moore extrajo del tañido de un laúd destartalado lamentos por la decadencia de su vieja Irlanda verde. Todo esto en la naturaleza de la sugerencia, la esencia misma de la poesía. Sin embargo, estos hombres podían mirar fríamente las imágenes más preñadas de la Francmasonería; podían escuchar un ensayo de los pactos masónicos sin considerar una sola vez la mina inagotable de pensamiento poético de la cual estos eran solo la superficie. En comparación con cualquier otro tema, daría la preferencia a la masonería Simbólica como la más rica en pensamiento poético, y solo puedo esperar que el día no esté distante cuando un gran poeta surja para ser para la Francmasonería lo que Scott fue para la caballería, Moore para el patriotismo, Burns para el amor rústico.

Curiosamente, no nombra a Goethe, quien sí escribió poesía distintivamente masónica –y, por supuesto, Kipling vino después– pero Morris mismo fue el poeta masónico de su propio día; no un gran poeta, quizás, pero un cantante noble y dulce, y uno de los mejores intérpretes de la masonería en cualquier época. Pocos han usado alguna vez nuestros emblemas con más perspicacia y habilidad, como en sus poemas sobre la Escuadra, la Paleta, el Nivel, el Mandil, y muchas melodías elocuentes. ¿Pero debemos limitar la poesía masónica al verso que teje nuestros símbolos y emblemas en sus líneas? Seguramente no. Esa es una concepción demasiado estrecha de la poesía masónica, y cuando la dejamos a un lado no queda problema por resolver, ni cuestión que discutir. Usualmente, si hacemos algunas excepciones –tales, por ejemplo, como los poemas de Kipling sobre *El Palacio* y *Mi Logia Madre*– la mejor poesía masónica hace escaso uso de nuestros emblemas familiares. En cambio, pone el alma, el espíritu, el genio, la verdad de la masonería en una canción alta e inquietante –y eso es verdadera poesía masónica.

¿Cuándo fue Robert Burns más verdaderamente un poeta masónico? ¿Cuando escribió sobre el Mandil, o cuando cantó en notas casi divinas sobre los derechos del hombre, la dignidad del alma, el parentesco de todas las cosas vivientes y la llegada del amor y la piedad? Markham rara vez, si acaso, hace uso de emblemas masónicos, pero ¿quién más en nuestro día ha puesto el alma de la masonería en música más auténtica? De aquellos que han cantado sobre los significados más profundos de la masonería, y su lugar en la búsqueda mística del alma hacia Dios, no hay nadie como Edward Waite, nadie cerca de él. Susan Coleridge no era masona, pero sus líneas llamadas *Constructores de Almas* son verdaderamente masónicas, y también lo es ese poema inolvidable de Margaret Wood, *Los Constructores* –una visión de la vieja abadía gris de Inglaterra, de «los constructores de antaño» que la elevaron hacia el cielo, y de los poderosos muertos que duermen allí.

Recordemos siempre que la Poesía es tan libre como un «dulce pájaro del alba cantando la larga épica del mundo», y no está atada a ningún sistema de simbolismo. Para su alma vívida toda la naturaleza es una parábola infinita, y la vida el aliento mismo del Eterno. Es un sacerdote para todos nosotros de la extraña y solemne maravilla del mundo, la hija de la Voz de Dios diciéndonos, en cuentos e historias doradas, que la raza debe convertirse en socio con la poderosa Alma-Padre en Sus labores de amor y belleza, «si su corazón de ritmo y alma de fuego han de permanecer plenamente revelados».

CURSOS DE LECTURA

Respondiendo a muchas solicitudes, tenemos en mente sugerir una serie de cursos breves de lectura para ambos ritos de la masonería y cada una de sus ramas, con la esperanza de que puedan servir como guías para los Hermanos que deseen emprender el estudio de la masonería ya sea individualmente o en grupos o clubes. Por el número de tales solicitudes que nos llegan de todo el país, creemos que el trabajo de esta Sociedad está comenzando a notarse a favor de un estudio más sistemático de la historia y el significado de la masonería. A modo de introducción, ofrecemos las siguientes sugerencias:

Primero de todo, que un hombre se familiarice con el ritual de la Orden como se ejemplifica en la Jurisdicción en la que vive, no necesariamente memorizándolo, sino teniéndolo bien en mente. Si su Gran Logia no tiene un Monitor autorizado, puede seleccionar algún Monitor generalmente aceptado como estándar, ya sea de Shaver, Mackey, Sickel o Simons. Mientras lee lo que está escrito, o recuerda lo que no está escrito, que mantenga siempre en mente la pequeña palabra ¿Por qué? ¿Por qué está la Logia dispuesta así? ¿Por qué se hacen las cosas de tal y cual manera? Quizás algún día pregunte ¿por qué un ritual en absoluto? Si es así, entrará en un campo fascinante, rastreando la idea, la necesidad, el uso y significado del ritual, no solo en la masonería, sino en la iglesia, el estado y en todo el ceremonial de la vida.

Segundo, un hombre debería conocer la historia de su Logia y de la Gran Logia bajo cuya obediencia se mantiene, sus leyes, constituciones, organización y genealogía, su lugar en el gran árbol genealógico de la masonería. Esto le introducirá al estudio de la masonería organizada como institución, en este país y en todo el mundo, sus variaciones, sus ritos, incluyendo no solo el «York» y los Ritos Escoceses, sino también otros ritos, como el Swedenborgiano. De tal estudio vendrá una nueva concepción de la vastedad de la masonería como una fraternidad mundial, cuya existencia es profundamente significativa.

Tercero, naturalmente preguntará de dónde vino esta gran Orden que busca organizar la Hermandad y hacerla operativa, y así será llevado a investigar la historia de la masonería, siguiéndola a través de los tiempos modernos hasta la fundación de la Gran Logia de Inglaterra –la historia de la cual todo masón debería conocer en detalle. Aquí su estudio se ramificará en abanico: querrá conocer las condiciones de la época, el estado del Oficio antes y en el momento en que se formó la Gran Logia madre, las causas que llevaron a su formación, hasta qué punto fue un «renacimiento», cuánto, si algo, se añadió a la masonería en ese momento –añadido de dónde, por quién y por qué– hasta qué punto la masonería de hoy es simplemente un desarrollo y una elaboración de la vieja masonería del Oficio (*Craft Masonry*).

Cuarto, y esto le llevará al interesante estudio de la antigua masonería del Oficio, en la cual todo masón debería estar bien cimentado mediante un estudio de sus documentos más tempranos, que eran una parte de su ritual, conocidos por nosotros como los Antiguos Deberes (*Old Charges*) y Constituciones –las escrituras de nuestra herencia y patrimonio masónico. Aquí de nuevo surge una multitud de preguntas para el estudio: cuál es el lugar de la arquitectura en la vida humana, y por qué domina las otras artes, uniéndolas en una, armonizándolas, controlándolas, dirigiéndolas; en respuesta a lo cual verá por qué el oficio del arquitecto se volvió simbólico y tomó una forma espiritualizada, mientras que otros oficios no lo hicieron. El estudio de los Viejos Cargos, en el marco de los tiempos de los que datan, le llevará de regreso a los cimientos de la vida y el pensamiento modernos; y puede ir tan profundo y tan atrás como desee.

Quinto, y cuanto más avance en su estudio más naturales, inevitables y elocuentes se volverán los símbolos de la masonería, y los mirará con una nueva veneración mientras busca interpretar, (1) qué significaban en tiempos antiguos, (2) la tradición secreta que se reunió y creció alrededor de ellos, y (3) qué significan, o deberían significar, para él ahora como maestros de la verdad que hace al carácter, la conducta correcta y una fe y esperanza válidas. Es algún esquema como este el que tenemos en mente, y nos proponemos sugerir libros que arrojen luz sobre él, dando preferencia, en la medida de lo posible, a libros que sean accesibles, económicos, auténticos y escritos sencillamente –tales como los Hermanos puedan desear poseer o las Logias colocar en sus bibliotecas.

CANCIONES PARA LA NUEVA ERA

Alguien ha dicho que si conocemos la imagen en las mentes de los poetas de hoy, conocemos la forma que tomará el futuro. Si eso es así, no hay error en la cualidad profética de los poemas de James Oppenheim, cuyas historias cortas han conmovido y emocionado tanto a miles. Son canciones de alta osadía y aventura del alma, llenas de una belleza propia, como salmos de una nueva fe, como toques de corneta para un conflicto hermoso, despertándonos contra «los ejércitos de los tórbidamente vivos y los complacientemente muertos». Uno lee la canción de «Nosotros los No Nacidos» y recuerda el «Canto a Mí Mismo» de Whitman, tan segura es su perspicacia y acento de poder, todo inflamado con rica humanidad y fe apasionada en las cosas que deberían ser verdad, y son verdad si tuviéramos ojos para ver y oídos para oír.

Seguramente una voz tan profunda y verdadera y seria no pasará desapercibida, incluso en medio del salvaje caos de la guerra.

ARTÍCULOS DE INTERÉS

«A Masonic Puzzle», C. N. Mikels. *Illinois Masonic Review.*

«The Sacred Symbol», Sir John Cockburn. *American Freemason.*

«The Cable-Tow», F. C. Higgins. *Masonic Standard.*

«Angles», F. C. Higgins. *Masonic Standard.*

«The Cathedral at Seville», G. W. Baird. *The New Age.*

«The Doctrine of the Scottish Rite», David Marx. *Masonic Monthly.*

«Dibdin's Masonic Pantomime», R. Northcott. *London Freemason.*

LIBROS RECIBIDOS

Life of Shakespeare, Sir Sidney Lee. Macmillan Co. Nueva York, $2.00.

Bohemia Under Hapsburg Misrule, T. Capek. Revell Co. Nueva York, $1.00.

The Man With the Hoe and Other Poems, Edwin Markham. Doubleday, Page & Co., Nueva York, $1.00.

Lincoln and Other Poems, Edwin Markham. Doubleday Page Co., $1.00.

The Shoes of Happiness, Edwin Markham. Doubleday Page Co., $1.25.

The Assurance of Immortality, H. E. Fostick. Macmillan Co., $1.25.

Masonry and Democracy, por el gobernador Arthur Capper, Kansas.

CORRESPONDENCIA

INICIAR A LA VISTA

Estimado Editor: El escrito del Hermano Wildey E. Atchison sobre «Hacer Masones a la Vista» probablemente ha iniciado algo. Esperamos oír más de este tema, y ver si la excepción debe tomarse por la regla.

Él no puede hacerlo en Nebraska. Por ejemplo, en las actas de la Gran Logia de Nebraska, 1897, un Gran Maestro hace a su hijo Masón a la vista. La Gran Logia decide lo siguiente: «Sin entrar en una discusión de la cuestión de si la prerrogativa de hacer Masones a la vista fue inherente alguna vez al oficio de Gran Maestro, somos de la opinión de que por razón de nuestra situación y tradiciones masónicas, tal prerrogativa no es inherente al oficio de Gran Maestro en Nebraska. El Gran Maestro es la criatura de la constitución de esta Gran Logia y sus prerrogativas están definidas y limitadas por ella».

De nuevo; «Vuestro comité de Jurisprudencia pide permiso para informar que en su opinión el Sr. Blank es un Masón hecho irregularmente, y recomendó que el Gran Maestro, en persona o por poder, sea dirigido a ir a S____ tan pronto como sea conveniente y sanar a dicho Blank, en la debida forma masónica, requiriendo primero el pago de las cuotas prescritas por las leyes de la logia dentro de cuya jurisdicción residía dicho Blank para conferir los tres grados de la masonería».

Nuestro Gran Maestro asistió al asunto de Taft «a la vista», y este es el informe del Pasado Gran Maestro Warren que fue adoptado 295 a 144: «Que no hubo error en la acción de esta Gran Logia en la resolución aprobada en 1897, que dicha resolución fue cuidadosamente considerada en comité, debatida extensamente en el piso de esta Gran Logia y adoptada por un voto de 515 a 27. Que dicha resolución no fue incorrecta sino correcta, y anunció correctamente la verdadera ley masónica, que la llamada prerrogativa del Gran Maestro de hacer Masones a la vista no existe y no ha existido desde el año 1717; que no existe por virtud de ningún antiguo lindero o antigua regulación, y no es conferida por la constitución o leyes de esta Gran Logia. Por lo tanto reiteramos nuestra anterior declaración de que el oficio de Gran Maestro de Masones en Nebraska es constitucional, y que las prerrogativas inherentes al mismo están definidas y limitadas por ella».

El Hno. Atchison no dice nada sobre la autoridad de un Gran Maestro dispensando la balota, y eligiendo a un hombre para la membresía sin cobrar la cuota. Fraternalmente vuestro,

H. H. Andrews, Nebraska.

LA ESPADA DE FEDERICO

Estimado Hermano Newton: He leído, en la edición de febrero de *The Builder*, una consulta del Hermano F. S. Dunn en cuanto a la corrección de la historia aceptada de que Federico el Grande alguna vez envió una espada a Washington, con un mensaje, e, incidentalmente, desacreditando la amistad de estos dos grandes hombres como un «mito».

La historia puede verificarse por referencia a la *American Cyclopedia* Vol. VII, pp. 466-7-8, dando el autor referencia a la *History of Frederick the Great* de Carlyle (6 vols., Londres 1864), y a *Friederick der Grosse und Katharina II*, por Kurd Von Schlozer, (Berlín 1859) y a *Geschichte Freidrich's des Grossen*, por F. Kugler, (7.ª edición, Leipzig 1870), y a *Freidrich der Grosse* por Droysen, (1.er Vol. 1873). La *Cyclopedia of American Biography* de Appleton (Vol. II) dice que Federico envió un retrato de sí mismo a Washington con un mensaje similar. Las citas anteriores son de autoridades estándar, y no de revistas actuales.

Pero la consulta, Sr. Editor, en su origen al menos, me parece que tiene las marcas distintivas de esa jerarquía que siempre ha atacado el registro de Federico el Grande: esa combinación que protestó contra el hecho de que el Presidente de los Estados Unidos aceptara el monumento de Federico el Grande y que, se cree, intentó su destrucción con dinamita poco después de su dedicación.

Vuestro fraternalmente,

G. W. Baird, Washington, D. C.

LA SIMPLICIDAD DE LA MASONERÍA

Estimado Hermano Newton: A mí me parece que una de las evidencias más fuertes de la verdadera grandeza de nuestros antiguos maestros (quienesquiera que hayan sido), reside en haber sido capaces de poner en las herramientas de trabajo simples y la tarea diaria de un oficio artesano significados tan preñados. Que la lección fue bien enseñada se prueba por la supervivencia de la orden especulativa que ha superado tanto a su padre operativo. Los maestros más grandes de todas las épocas han utilizado las cosas comunes a su alrededor como ilustraciones. El mejor ejemplo se encuentra en las palabras de Aquel a quien todos llamamos «El Maestro». Ojalá hubiera más Maestros hoy lo suficientemente grandes para señalar sus significados de tal manera. Demasiados, tanto dentro como fuera de nuestra orden, se contentan con repetir como loros las parábolas del pasado, pensando poco en sus significados, o en las circunstancias bajo las cuales fueron pronunciadas por primera vez. Hay una vieja leyenda de Oriente al efecto de que el sello del Rey Salomón estaba formado por un triángulo de latón combinado con uno de hierro, con el Nombre Más Grande en el centro, formando la familiar estrella de seis puntas. A través del triángulo de hierro gobernaba los espíritus de la oscuridad y el mal, y a través del latón comandaba los buenos espíritus. He aludido a esto al personificar aquellas virtudes en las que el amor parece un elemento necesario.

Sinceramente y fraternalmente vuestro,

Walter R. Reed, Dakota del Norte.

LA HERMANDAD DE LOS SABIOS

Estimado Hermano: Hace unos quince años tuve el placer de asistir en el levantamiento en la Logia Sagamore, Ciudad de Nueva York, de un Hermano llamado William Churchill. Había sido Cónsul en Samoa bajo el Presidente Cleveland. Tenía afinidad por el idioma y el dialecto, y mientras estaba en Samoa entró en contacto con las tribus nativas y fue iniciado en lo que tradujo como «La Hermandad de los Sabios».

Algunas semanas después de ser levantado en la masonería dio una conferencia sobre la similitud entre esa Hermandad y la Fraternidad Masónica que fue de lo más notable, y proporcionó la prueba más clara que he conocido de la antigüedad del Oficio. Entre varias cosas en su conferencia que recuerdo estaba esta: en su trabajo bárbaro de adoración al fuego, en el cuarto grado de su orden –que era el grado final– se les enseñaba a alimentar el fuego desde montones de hojas de una manera que dejaba las manos en precisamente la posición en la que cada Masón saluda al Oriente desde el altar en el tercer grado.

De nuevo, la ropa tosca atada en diferentes grados en diferentes posiciones marcadas en diferentes etapas del trabajo con carbón por horizontales y perpendiculares, que por la disposición final de la ropa para el último grado traía las horizontales y perpendiculares juntas para formar una escuadra. Esto por supuesto fue entre personas que durante siglos habían estado divorciadas, en cuanto a todos los registros, del resto del mundo. Ciertamente sus tradiciones no fueron recibidas en días recientes. No han guardado registros, y como dijo el Hermano Churchill, no tienen leyenda de cómo se originó.

Si el Hermano Churchill todavía está vivo no lo sé. Estaba en ese momento en el personal del New York Sun. Su esposa fue la autora de un libro llamado «Samoa Uma», publicado por la Forest and Stream Publishing Co., Nueva York. Quizás valdría la pena que intentaras localizar al Hermano Churchill y obtener de él un relato más detallado de la Hermandad de los Sabios.

Cordialmente y fraternalmente,

Charles A. Alden, Illinois.

(Hemos guardado esta carta durante algún tiempo, tratando de localizar al Hermano Churchill, pero hasta ahora no hemos podido hacerlo. Quizás algún miembro de la Sociedad en la ciudad de Nueva York pueda decirnos si todavía está vivo, y dónde se le puede contactar. Si es así, agradeceríamos mucho la información.)

EL CUADRADO OBLONGO

Estimado Hermano Newton: En el *The Builder* de diciembre, un hermano pregunta la definición de «un cuadrado oblongo». En el número de febrero, el Hno. A. Montell declara que es la escuadra en forma de L de la cual un brazo es más largo que el otro.

Creo que esto es un error. El Hno. Montell cita el Diccionario Standard definiendo «oblongo como algo más largo que ancho. También una escuadra como un instrumento para medir o trazar ángulos rectos, que consiste generalmente en dos piernas o ramas en ángulo recto entre sí, en forma de L». Esto es cierto, pero cuando encuentra su definición de un cuadrado oblongo en la combinación de estos dos, y dice «esta escuadra en forma de L es el cuadrado oblongo de la Francmasonería», está combinando dos definiciones incongruentes. Supongamos que, para obtener la definición de un «caballo de sierra» (*saw–horse*, caballete), voy a «sierra» y encuentro que es «un instrumento de corte con dientes puntiagudos dispuestos continuamente», y a «caballo» y encuentro que es «un cuadrúpedo», y combinando las dos definiciones digo «un caballo de sierra es un cuadrúpedo que tiene dientes puntiagudos», la falacia del argumento se hace evidente.

Si examinamos la definición de oblongo más de cerca, encontraremos que contiene un elemento que no se puede aplicar al instrumento en forma de L. El Standard lo define como «más largo que ancho: aplicado comúnmente a objetos rectangulares considerablemente pero no extremadamente alargados». Hay otras definiciones dadas, pero todas indican que la palabra oblongo solo se aplica a figuras simétricas que son más largas en un sentido que en el otro. El instrumento en forma de L no forma una figura simétrica. Le faltan dos lados.

Por lo tanto, la palabra oblongo no se le puede aplicar.

El error del Hno. Montell es natural, ya que, como afirma el Diccionario Standard, la escuadra en forma de L se usa como un dispositivo en la Francmasonería, pero no dice que la escuadra en forma de L sea el cuadrado oblongo.

Ahora, ¿cuáles son los hechos? La escuadra en forma de L es la escuadra del carpintero, y su adopción como emblema masónico parece ser un error. Es más comúnmente usada en Francia que en este país. El instrumento apropiado usado en la Francmasonería como emblema de la orden es la escuadra de prueba de los albañiles, que tiene brazos de igual longitud, y se usa para probar la piedra para ver que esté cuadrada. Mackey afirma que en este país hemos retenido correctamente la igualdad de las piernas, pero hemos caído en el error de marcar la superficie con pulgadas, como si fuera un instrumento para medir, en lugar de simplemente para escuadrar el trabajo. Como emblema masónico es rica en simbolismo, pero no es el cuadrado oblongo y por lo tanto no necesita ser considerada más aquí.

¿Qué es, entonces, el cuadrado oblongo de la Francmasonería? Creo que es la supervivencia en nuestras ceremonias de un término una vez común pero ahora obsoleto. Mi lectura me ha convencido de que en un tiempo la palabra «cuadrado» (*square*) significaba en ángulo recto, y el término «un cuadrado» se refería a una figura de cuatro lados, que tenía cuatro ángulos rectos, sin tener en cuenta la longitud proporcional de los lados adyacentes.

Había así dos clases de cuadrados; aquellos que tenían los cuatro lados iguales, y aquellos que tenían dos lados paralelos más largos que los otros dos. La primera clase se llamaba «cuadrados perfectos» y la segunda clase «cuadrados oblongos» (*oblong squares*). Con el tiempo estos términos se acortaron a cuadrado y oblongo (o rectángulo) respectivamente, y ese es el sentido en el que se usan en el momento actual, de modo que cuando hablamos del cuadrado oblongo, nos encontramos con la objeción de que si es un cuadrado no puede ser oblongo, y si es oblongo, no puede ser cuadrado. Esto es cierto en el sentido actual del término, pero la Francmasonería todavía retiene el significado más antiguo.

Permítanme dar una ilustración de esto que cualquier lector puede verificar fácilmente. En *Ivanhoe*, (alrededor de la segunda página del Capítulo VII) Sir Walter Scott describe el terreno cerrado para el torneo como «formando un espacio de un cuarto de milla de longitud, y alrededor de la mitad de ancho. La forma del recinto era un cuadrado oblongo, salvo que las esquinas estaban considerablemente redondeadas para ofrecer más comodidad a los espectadores».

Nuestros Monitores declaran que la forma de la logia es un oblongo, pero los Monitores más antiguos (al menos los que he examinado), dicen «la forma de la logia es un cuadrado oblongo». Esto está justificado por Mackey, quien define un cuadrado oblongo como «Un paralelogramo, o figura de cuatro lados, todos cuyos ángulos son iguales, pero dos de cuyos lados son más largos que los otros».

Esto se ilustra en nuestro ritual cuando hablamos de formar «un (no el como algunas jurisdicciones erróneamente lo tienen) ángulo recto de un cuadrado oblongo». Cada uno de tales cuadrados tiene cuatro ángulos rectos y cuando formamos el instrumento en forma de L, formamos solo uno de estos ángulos con dos de los lados. El cuadrado oblongo en sí mismo no se forma con ello, y no deberíamos cometer el error de identificar a los dos.

Cuando miramos el simbolismo del cuadrado oblongo, encontramos confirmación para la declaración de que no se refiere a la escuadra en forma de L. Esta última, por sí misma al no ser un emblema masónico, no tiene significado adjunto a ella en el ritual, pero el cuadrado oblongo como la forma simbólica de la Logia Masónica, tiene un profundo significado. Mackey dice, «Encuentra su prototipo en muchas de las estructuras de nuestros antiguos hermanos. El arca de Noé, el campamento de los Israelitas, el arca del pacto, el Tabernáculo y el Templo de Salomón eran todos cuadrados oblongos». Esta forma para la mente antigua representaba el mundo mismo, y este es el significado que tiene para los Francmasones, representando el mundo en el que ha de vivir y trabajar en la edificación de su templo espiritual, del cual el Templo del Rey Salomón es un tipo.

Decimos que antiguamente los A. M. se reunían en la planta baja, los C. M. en la Cámara del Medio, y los M. M. en el S. S. del Templo del Rey Salomón. Los primeros dos eran de forma rectangular y estaban representados por el «cuadrado oblongo», pero el tercero tenía los cuatro lados iguales y al prepararse para entrar en este se forma «un ángulo recto de un cuadrado perfecto».

Confiando en que estas sugerencias puedan arrojar alguna luz sobre el tema para otros hermanos que están luchando por la luz, soy

Fraternalmente vuestro,

C. C. Hunt, Iowa.

LA REVERENCIA DE LA MASONERÍA

La actitud sustancial de reverencia en todo el ritual y las enseñanzas de la masonería me ha impresionado profundamente a medida que he progresado en la orden y he aprendido más de sus preceptos. Me sorprendió la solemne advertencia dada en la puerta de la logia de que no habría nada ligero ni frívolo en las ceremonias de iniciación, sino que todo sería profundamente significativo y debería recibir atención reverente. Ningún hombre reflexivo puede pasar por los grados de la masonería sin tener su mente en algún momento silenciada por el asombro, y ser hecho sentir algo como lo que Moisés debió haber sentido cuando se le ordenó quitarse los zapatos de sus pies porque el lugar en el que estaba era tierra santa.

No solo se venera el nombre de Dios y se consideran sagradas las Sagradas Escrituras, sino que se reverencia la vida humana. El hombre es un Maestro Constructor erigiendo un templo para Dios, cuyos planos para el perfeccionamiento se trazan en el lugar santo donde mora Dios. La búsqueda de luz y verdad se lleva a cabo como por el tesoro más sagrado. La actitud de la masonería es expresada apropiadamente por la Sra. Browning:

> La tierra está atestada de cielo,
> Y cada arbusto común ardiendo con Dios.

Quien ha aprendido bien las enseñanzas y el espíritu de la masonería es un hombre reverente. No usa descuidadamente el nombre de Dios, ni trata con dureza o ligereza nada de Su creación.

En esta actitud de reverencia hacia el hombre y su tarea de vida, hacia los grandes misterios de la vida y el universo, hacia Dios y las Sagradas Escrituras, la masonería habla un mensaje que nuestro pueblo americano necesita tener enfatizado a menudo y con fuerza. La irreverencia es uno de nuestros pecados nacionales, como pueblo profanamos el nombre de Dios porque ignoramos el lenguaje contundente para expresarnos. Despreciamos el Libro Sagrado que lleva a la humanidad la revelación de Dios. Bromeamos sobre los grandes misterios de la vida y la muerte. Tratamos a la ligera los lazos sagrados del hogar y la autoridad parental. Asombramos a la gente de Europa por la ligereza con la que rompemos el vínculo matrimonial.

¿No podría la masonería prestar un servicio nacional llevando la reverencia de la sala de la logia a la vida diaria para que en todo nuestro lenguaje y comportamiento pueda haber una atmósfera que reprenda la irreverencia y ayude a hacer toda la vida y todas las relaciones sociales más sagradas?

Edward James Lockwood, 32.º Iowa.

¿SHAKESPEARE UN MASÓN?

En un artículo en una revista masónica que leí recientemente, el nombre de Shakespeare aparece en una lista de hombres de letras que fueron masones. ¿Qué prueba hay de que fuera miembro de la Orden? – F.G.

Ninguna en absoluto. Shakespeare, hasta donde recordamos, no hace referencia a ninguna sociedad secreta, aunque algunas de sus líneas podrían interpretarse así, como, por ejemplo, una línea en la escena de la obra en *Hamlet*, a la que un estudiante universitario nos llamó la atención el otro día. Habla de «los masones cantores construyendo techos de oro», (*Enrique V*, acto 1, escena 2) y los compara con un enjambre de abejas, como cualquier poeta podría haber hecho. Recuerda un pasaje en el «Complete Angler» (*El Pescador Completo*), de Isaak Walton, en el cual el gentil pescador habla del significado de los pilares en un lenguaje muy parecido al usado en una Logia Masónica. Pero Hawkins, en su edición del *Angler*, recuerda que Walton era amigo de Elias Ashmole, quien fue admitido como Masón Aceptado, y puede haber aprendido de la masonería de él. (*Short History of Masonry*, por F. Armitage, vol. II, cap. 3). Shakespeare era de hecho de mente múltiple, y tenía un interés insaciable en todas las cosas humanas, pero no hay prueba de que fuera masón. Se ha afirmado que uno de los portadores del féretro en el funeral de Shakespeare era masón, y que se llamaba Edward Helton. La historia cuenta además que Helton vino a este país y fue enterrado en Fredericksburg, Va., en 1618. Pero como la ciudad de Fredericksburg no se estableció hasta 1622, y no se ha encontrado rastro de él, la historia debe considerarse un mito. (*Miscellanea Latomorum*, Vol. I, pp. 67, 103. Nueva Serie).

UNA CORRECCIÓN

Hermano Newton: Noto en la edición de febrero de *The Builder* una declaración de que el libro, «Washington, El Hombre y el Masón», se podía obtener dirigiéndose a mí y enviándome el precio. Eso es un error, que deseo que corrija. Nuestra Asociación no tiene nada que ver con el libro. Es propiedad de la Asociación local en Alexandria, y todo el dinero y las cartas con respecto al libro deben dirigirse a Charles H. Callahan, Secretario, Alexandria, Virginia. Fraternalmente vuestro; John H. Cowles, Washington, D. C.

«UN CUENTO DEL CAMINO»

Hermano Editor: En el número de septiembre de *The Builder* se publicó un poema titulado «Un Cuento del Camino» (*A Tale of the Trail*), marcado como «seleccionado», y el escritor se ha preguntado si la autoría de las líneas era desconocida para usted. El poema fue escrito por el Hermano James W. Foley, Pasado Gran Maestro de Dakota del Norte, y Poeta Laureado de esta Jurisdicción. El Hermano Foley ha escrito muchos buenos poemas, uno de los mejores de los cuales estoy enviando adjunto, esperando verlo publicado en *The Builder* en algún momento. Se titula «¿Qué Hiciste Tú?» (*What Did You Do*), y está en sintonía con el espíritu de la Sociedad y su esfuerzo por despertar el interés, no solo en la historia de la Fraternidad, sino también en la verdadera vida masónica –masonería cotidiana, si se quiere. Con los mejores deseos, siempre, soy

Fraternalmente vuestro,

Ralph L. Miller, Dakota del Norte.

MASONERÍA MILITANTE

Estimado Hermano: Creo que la masonería es más que «un sistema peculiar de moralidad». Es realmente una parte de la experiencia religiosa de uno. Creo también en la masonería militante. El tiempo está incluso ahora a la mano cuando las Logias Americanas deben moverse para que puedan hacer sentir su influencia más ampliamente. Por «militante» no me refiero a argumentos y disputas vulgares, sino a un esfuerzo inteligente para difundir los principios universales que la masonería defiende. Me parece que la Research Society ayudará grandemente en este trabajo. Hay un lado espiritual de la masonería que necesita ser enfatizado; y para ser enfatizado debe ser llevado a la atención de los Hermanos. Si la masonería significa algo, significa que los Masones deben vivir de tal manera que la gente diga, «Sí, él es un Masón». Ese es el ideal que sostengo ante mí mismo, y cuando fallo, como a menudo hago, aún el hecho de que soy un Masón me da fuerzas para un nuevo esfuerzo. Fraternal y sinceramente, J. A. Robertson. Ohio.

EL VELLOCINO DE ORO

¿Qué es el Vellocino de Oro a menudo referido al presentar el Mandil a un Aprendiz Entrado? ¿Todavía existe? Agradeceré su respuesta. – H.J.L.

Era una famosa orden de caballería que data de 1430, cuando Felipe, Duque de Borgoña estableció, con ocasión de su matrimonio con la Infanta Isabel de Portugal, lo que llamó el Vellocino de Oro. Todavía existe en varios países de Europa. Nadie más que los más ricos y de linaje más puro –y ellos solo en números limitados– eran admitidos a sus honores. La insignia de la orden era un carnero de oro, que colgaba de una joya de diseño elaborado llevando el orgulloso lema en latín, «Riqueza, no trabajo servil». (Ver *The Builder*. Vol. I. p. 236.)

«UN MASÓN JUSTO Y RECTO»

Me decepcionó un poco su respuesta a J. H. H., en el *Builder* de enero cuando preguntó si un Aprendiz Entrado no es un Masón. Creo que debería haber dicho, «Sí». He oído declarar con autoridad masónica varias veces que «usted ahora está como un masón justo y recto» (*just and upright Mason*), y creo que estaría calificado para trabajar como tal por un tiempo limitado al menos. – T. D. Gayle, Iowa.

Un Aprendiz Entrado está en entrenamiento para ser un Masón; ha recibido las primeras lecciones en esa moralidad fundamental que debe yacer en la base de su edificio moral y masónico. Por supuesto que es, en tanto, un Masón; pero por ninguna analogía conocida por nosotros tiene derecho a viajar y trabajar como tal.

BUDISMO Y MASONERÍA

¿Podría responder amablemente a lo siguiente: (1) ¿Podría un chino, que es seguidor de Buda, ser clasificado como un adorador de la Deidad? (2) ¿Es necesario para un budista, al unirse a una Logia Masónica, aceptar la idea cristiana de Dios? (3) ¿El hecho de que sea un adorador de ídolos interferiría con su elegibilidad? – J.P.M.

(1) Hablando en términos generales, sí; aunque hay muchas sectas en la fe budista, algunas de las cuales parecen ser ateas –sin embargo esto puede ser solo aparente, y debido al hecho de que su concepción de Dios es tan diferente a la nuestra. Quizás, en el sentido real, no exista tal cosa como un ateo. (Ver *Morals and Dogma*, por Pike, p. 643.) (2) Ciertamente no, ya que eso violaría uno de los primeros principios de la Orden. Sin embargo, es un hecho que pocos, si alguno, budistas han buscado la hermandad masónica. (Ver *Sidelights on Masonry*, por Lawrence, Caps. 8, 10, 12.) (3) Lo que llamamos ídolos debe ser, para hombres pensantes, solo símbolos, y como tales son una respuesta al anhelo de la mente humana por un emblema visible del Gran Invisible. Sin duda hay millones que no ven más allá del símbolo, pero tales seres ignorantes difícilmente encontrarían su camino a la puerta de nuestro templo.

INICIAR A LA VISTA

Ahora que se ha mojado los pies, quizás tome la cuestión del derecho de un Gran Maestro a hacer Masones a la vista. Me gustaría que lo discutiera. – B.R.J.

Por supuesto, no podemos tomar la cuestión en detalle aquí pero se pueden decir varias cosas: Primero, en la antigua masonería del Oficio obviamente no había tal cosa como hacer un Masón a la vista. Cada Aprendiz tenía que servir su término, dominar su arte, y por examen ser aprobado como un Maestro –la recompensa de su obra maestra. Segundo, cuando la orden comenzó a admitir Masones Aceptados –quizás tan temprano como 1600, si no antes– las ceremonias de iniciación no eran elaboradas, y a menudo un hombre era hecho Masón en una sola noche, como parece haber sido cierto en el caso de Elias Ashmole. Aunque, eso era una cosa diferente de lo que ahora se llama hacer un Masón a la vista. Tercero, no entraremos en la cuestión del «derecho» de un Gran Maestro a hacer un Masón a la vista, excepto para decir que parece ser un invento americano, una «pretensión» americana, lo llamó el Hermano Hughan, lo cual dijo que no tiene base en la historia antigua y el uso del Oficio. (*Masonic Sketches and Reprints*, p. 139.) Varios Hermanos proponen discutir esta cuestión de la prerrogativa en estas páginas, y así nos reservamos la opinión por el momento, no deseando anticipar sus argumentos.

EL RITO YORK

He sido masón durante años y sin embargo no entiendo justo qué se entiende por el Rito York, y encuentro que hay otros en el mismo apuro. Por favor póngame al día en este asunto. – D.S.C.

El Rito York, como se le llama popularmente, incluye la Logia Azul, el Capítulo del Real Arco, el Consejo y los grados de Caballero Templario, a diferencia del Rito Escocés. Tienes razón cuando dices que muchos Masones tienen este asunto confuso, y *The Builder* pronto publicará un artículo sobre Ritos Masónicos, por el Hermano J. L. Carson, de Virginia, que será instructivo. Pero el nombre «Rito de York» es solo un nombre popular, derivado de la vieja ciudad de York, Inglaterra, por tanto tiempo un centro de masonería. Hubo una Gran Logia de York, que tenía un Rito de ese nombre, pero nadie sabe ahora qué era ese Rito, y todas nuestras investigaciones han fallado en averiguarlo. De modo que el nombre Rito de York indica, no el Rito como se practicaba en York, sino simplemente la ciudad histórica. (Ver *Masonic Sketches*, por Hughan, p. 148.)

EL PLAN DE IOWA

En el informe del Comité sobre Actas de las Grandes Logias me entero de que Iowa no tiene un hogar masónico, y estoy ansioso por saber qué plan o planes tienen los masones de Iowa para proveer a las viudas y huérfanos de sus Hermanos fallecidos, que serían cuidados en un Hogar. – J.A. Stiles, Kentucky.

En general, el plan de Iowa es asistir a los necesitados manteniéndolos, en la medida de lo posible, en su antiguo entorno, entre sus amigos y asociados –asistiéndolos secretamente, de modo que nadie, salvo los Hermanos que tienen el asunto a su cargo y unos pocos masones locales, sepa nada de lo que se está haciendo. Iowa, sin embargo, es un estado joven, y todavía no siente la presión de los problemas que confrontan las jurisdicciones más antiguas; pero está comenzando a sentirlos. Hasta ahora hemos cuidado de aquellos que necesitan un hogar en varias instituciones en el estado para ese propósito; pero es probablemente solo una cuestión de tiempo hasta que la Gran Logia de Iowa necesite un hogar de algún tipo, aunque con su sistema actual no requerirá una institución tan grande como las que mantienen otras jurisdicciones.

LOS GRANDES INICIADOS

Últimamente he estado muy absorto en un libro titulado *Los Grandes Iniciados* (*The Great Initiates*), de M. Schuré, y me gustaría saber su opinión sobre él. Lo encuentro muy interesante, pero a menudo estoy perplejo. – G.W.J.

El libro referido, como sus estudios sobre Moisés, Platón, Pitágoras y otros, es tanto fascinante como irritante, como nuestro Hermano ha confesado. Siempre tenemos la sensación de que este escritor, y otros de su escuela, tienen el conocimiento más leve y superficial de los sistemas de pensamiento que tan alegremente dejan de lado como externos, si no infantiles. Lo que es más importante, la sabiduría esotérica que proponen sustituir por esos sistemas no es ni particularmente sabia ni en ningún sentido esotérica. Cuando llegan a decirnos la sustancia del asunto, solo hay una serie de lugares comunes presentados con asombro sin aliento como nuevos descubrimientos y reclamados como el fruto específico del espíritu esotérico. Cuando esos lugares comunes son admitidos –y Noé debió haber estado familiarizado con ellos– el cuerpo de «sabiduría esotérica» que queda es poco más que una nube de especulación, interesante, y quizás valiosa, pero aparentemente insustancial. No obstante, esta es solo una opinión, por lo que valga, y debe ser considerada como tal.

EL TERCER GRADO

Estoy convencido por mi experiencia en conferir grados que pocos hombres obtienen del Tercer Grado de la masonería algo más que una lección de fidelidad. Tengo en mente una breve charla sobre este tema, señalando la gran verdad de la inmortalidad enseñada en él, y deseo que me dé sus sugerencias. – R.L.H.

Francamente, esta carta nos asombra. Nunca hubiéramos supuesto posible que algún hombre recibiera el grado de Maestro Masón y perdiera el punto principal de su enseñanza. Curiosamente, hemos recibido otras dos cartas últimamente confirmando la observación del Hermano Hickman, y aumentando nuestro asombro. Y sin embargo, cuando nos ponemos a pensar en ello, el candidato no puede ser totalmente culpable. Habiendo presenciado este Grado en varias jurisdicciones, no recordamos que la conferencia histórica o explicativa mencione siquiera la verdad sublime expuesta. Simplemente recuerda al candidato que la masonería abriga la gloriosa esperanza de una bendita inmortalidad –eso es todo. Pero en el Grado mismo la inmortalidad no es una vaga esperanza para ser abrigada aquí y realizada en el más allá. Lejos de eso. Es una realidad presente en la cual el candidato es simbólicamente iniciado; un hecho para ser realizado en la experiencia aquí y ahora.

Manifiestamente, si el hombre es inmortal del todo, es inmortal ahora. La inmortalidad no concierne al futuro solamente, o principalmente, sino a la vida que es ahora, donde se necesita para dar amplitud y libertad y confianza victoriosa en medio de las vicisitudes del tiempo. ¿Cuántos masones captan esta verdad en el Grado de Maestro? Una vez que un hombre la ha captado, toda su perspectiva sobre la vida se altera, y siente no simplemente la obligación, sino el privilegio, de vivir estos días fugaces de una manera digna de un espíritu inmortal. Si nuestro ritual no transmite esta verdad, nos corresponde ver que lo haga, primero apoderándonos de la verdad nosotros mismos para hacerla más vívida a los otros, y segundo dando forma a nuestra ceremonia, o al menos explicándola, de manera que la verdad sea inconfundible.

EL REAL ARCO

Por la misma razón, si esta lectura del Tercer Grado es correcta, tenemos la clave para una interpretación más práctica del significado de los grados del Capítulo, como se insinuó en la edición de febrero, y la cual muchos Hermanos nos han pedido que expongamos más. El Hermano Mackey, como dijimos, sostenía que los primeros tres grados en la Logia Azul son una alegoría de la vida presente, y que los grados que conducen a e incluyen el Real Arco retratan el progreso del alma en la vida venidera. Para nosotros eso es muy insatisfactorio. No, la vida es una aquí y en el más allá, ahora y para siempre, y nuestra tarea es aprender a vivir la vida eterna en el tiempo. El descubrimiento de esta verdad, como se enseña en el Tercer Grado, que el alma es inmortal ahora –que la eternidad está aquí, y vivimos en ella– libera a los cautivos, y ellos regresan a reconstruir el templo caído. Requiere una reconstrucción de toda la vida. Los viejos cimientos de rectitud permanecen seguros y firmes, tan eternos como la montaña sobre la cual estaba el templo; y sobre ese cimiento debemos construir. No podemos ir más lejos en una nota breve; pero creemos que si esta verdad se mantiene en mente, los grados del Capítulo se volverán no solo más elocuentes, sino más profundamente prácticos, al mostrar las pruebas, luchas y desconciertos que acosan al hombre que se atreve a vivir la vida eterna.

La inmortalidad es una cosa; la vida eterna es otra. La inmortalidad la tenemos queramos o no –condenados a ella, incapaces de escapar de ella, y puede convertirse en una carga, como vemos en las filosofías de Oriente. La gran experiencia es cuando el hecho de la inmortalidad se realza e ilumina en el brillo y la alegría y el esplendor de la vida eterna. La mayoría de los hombres no viven realmente, solo existen, midiendo la vida por la duración, no por la profundidad y la belleza. Lo que más importa no es la longitud de los días, sino la profundidad de la vida, la radiancia de la fe y la comunión de las cosas eternas. Tal vida es continua, no algo que obtenemos cuando morimos, sino algo que nunca muere.

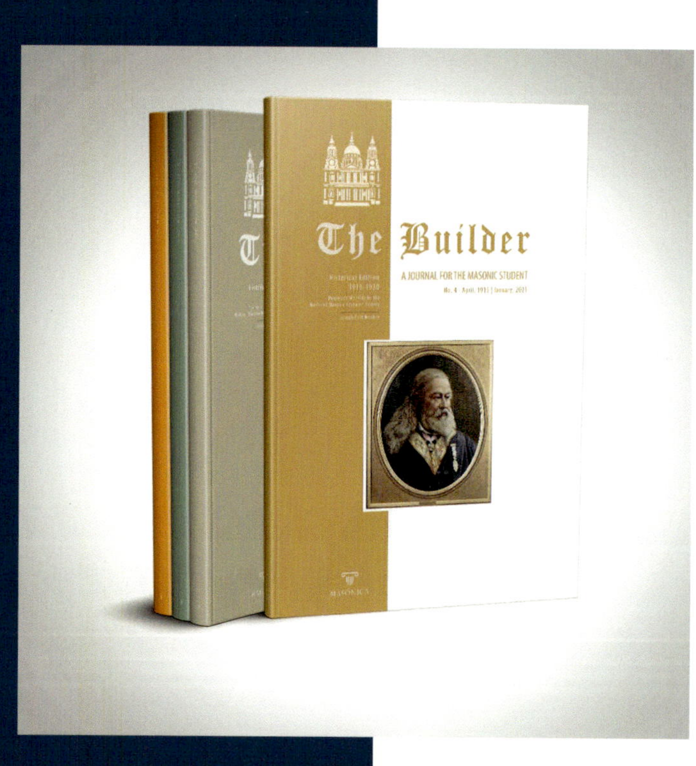
The Builder
A JOURNAL FOR THE MASONIC STUDENT
MASONICA